Peter Kuhlmann

Martin Luther

Leben – Werk – Wirken

Martin Luther, gemalt von Lucas Cranach d. Ä. (1528).

Peter Kuhlmann

Martin Luther

Leben – Werk – Wirken

REGIONALIA
VERLAG

Danksagung
Ein Buch schreibt man nie alleine. Herzlich habe ich Freunden und Experten zu danken, die mir vielfältige und hilfreiche Hinweise gegeben haben oder das Manuskript gelesen und mit wertvollen Anmerkungen versehen haben: Regina Kuhlmann, Dieter Sablotny, Christoph Sigrist, Heike und Hinrich Witzel.

3. Auflage
Peter Kuhlmann: Martin Luther. Leben – Werk – Wirken

Einbandgestaltung, Lektorat, Layout und Satz: Handverlesen GbR, Bonn

Bildnachweise:
Bilder im Werk:
Autor: 64, 75
Regionalia Verlag, Archiv: 2, 9, 14f., 32 beide, 61, 65, 83, 100
Sonstige: 117 (Louis Held © Renno)
Wikimedia Commons: 31 (Rico Heil), 34, 39/121, 91 (alle o. A.)
Covermotive:
Statue Luther, unterlegter Text (© Fotolia), Kirchenportal Wittenberg (© Wikimedia Commons, AlterVista), Wartburg (© Wikimedia Commons, Thomas doerfer)

Printed in Poland 2017

ISBN 978-3-95540-191-7

www.regionalia-verlag.de

Inhalt

Vorspann: Was für ein Luther!

Die letzten Stunden sind dramatisch. Luther geht es schlecht, man hat nach den Ärzten der Stadt gerufen. Zwei kommen nach einiger Zeit. Justus Jonas, sein Freund aus Halle, ist bei ihm. Luther steht nochmals auf. Gestern Abend hat er einen Schwächeanfall erlitten. Nun ist es mitten in der Nacht. Alle sind besorgt: Wenn Luther nun stirbt, so muss es ein christlicher Tod sein. Wie oft ist sein Ableben schon von seinen Gegnern herbeigesehnt worden: »Der Teufel möge ihn holen!« Nun, kurz vor drei, scheint seine Stunde gekommen zu sein. Jonas rüttelt seinen Freund und Vorkämpfer noch einmal wach und fragt: »Ehrwürdiger Vater, wollt Ihr auch auf euren Herrn sterben und die Lehre, so Ihr in seinem Namen getan, bekennen?« – da antwortet Martin Luther den um sein Bett Versammelten mit einem klaren »Ja«, dreht sich zur Seite und verstirbt, nachdem er vorher schon dreimal gebetet hat: »Vater, in deine Hände befehle ich meinen Geist.«

Stille im Raum, gleich darauf dann Aufregung. Es ist die Nacht auf den 18. Februar 1546 in Eisleben im Hause des Stadtschreibers. Schnell wird nach einem Maler gerufen, um diesen unverzüglich ein Totenbild des friedlich eingeschlafenen Luthers anfertigen zu lassen. Alle Welt soll sehen: Dieser Mann ging in Frieden, in Frieden mit der Welt und in Frieden mit seinem Herrn Jesus Christus, unabhängig davon, welche Anfeindungen er auszustehen hatte. Ebenso wird jemand gerufen, der Abdrücke von Gesicht und Händen nehmen soll, um eine Totenmaske zu erstellen. Und schließlich – in der Aufregung fast vergessen: Man schickt zwei Boten, einen zum Kurfürsten und einen nach Wittenberg. Einer der beiden erreicht die Stadt Luthers in aller Frühe des Folgetages. Er sucht nach Philipp Melanchthon. Der ist in seiner Vorlesung über den Römerbrief. Alle schrecken auf, als der Eilbote die Tür zum Hörsaal aufreißt und hereinstürmt. Totenstille, als die Nachricht im Saal verhallt. Schockstarre. Magister Philippus ringt um Fassung. Erst nach quälenden Augenblicken bekommt er stammelnd einen Satz heraus: »Der Wagenlenker Israels ist gefallen.« (2 Kön 2,12).

Ja, welch ein Leben ist hier zu Ende gegangen? Welche Bilder hatten die Menschen zu seiner Zeit von dem Menschen Luther? Und was hat man aus ihm im Laufe der mittlerweile fünf vergangenen Jahrhunderte gemacht?

Luther selbst gibt eine letzte Antwort. Auf dem Schreibtisch in seinem Sterbezimmer findet sich ein kleiner Zettel, wenige Stunden vor seinem Tod geschrieben:

> … Die Heilige Schrift meine niemand genügend geschmeckt zu haben, er habe denn hundert Jahre mit den Propheten Kirchen geleitet. Darum ist es ein ungeheures Wunder um: 1. Johannes den Täufer, 2. Christus, 3. die Apostel. Vergreife dich nicht an dieser göttlichen Aeneis, sondern beuge dich und verehre ihre Spuren. Wir sein pettler. Das ist wahr.
> (T 104, zitiert nach: *Kirchen- und Theologiegeschichte in Quellen*, Bd. III, S. 213)

Der große Reformator, der Ausleger der Heiligen Schrift: am Ende noch einmal ganz demütig. Er selbst sah und spürte, wie umfangreich und herausfordernd ihm immer wieder die Bibel in seinen Studien begegnet war. Ein Menschenleben reicht nicht aus, um dieses Buch zu erfassen. Und er nahm sie wahr und lebte sie, diese Demut, die man gegenüber Gott haben muss und gegenüber dem Leben – *sola gratia*: Der Mensch empfängt alles von Gott, in Gnade, ohne eigenen Verdienst.

Am 22. Februar wurde Martin Luther in der Schlosskirche von Wittenberg beigesetzt, im Chorraum auf der Kanzelseite. Seine Mitstreiter Philipp Melanchthon und Johannes Bugenhagen würdigten ihn in einem bewegenden Trauergottesdienst als Professor, als Theologen, als Seelsorger, als Reformator und damit als einen ganz Großen in einer so bewegenden Epoche. Aber: Zu dieser Zeit war der Status der Evangelischen noch unsicher.

Selbst nach Luthers Tod musste man um die Unversehrtheit von dessen Grab fürchten. Bereits im darauffolgenden Jahr eroberten kaiserliche Truppen Wittenberg und Karl V. zog mit seinem Gefolge in die Stadt ein. Berater drängten den Kaiser, die Leiche Luthers aus dem Grab zu holen und zu verbrennen, wie es auch mit den Gebeinen des als Ketzer posthum verurteilten John Wycliff geschehen war. Karl suchte das Grab Luthers in der Schlosskirche auf – ließ es aber unversehrt.

Im Dreißigjährigen Krieg war die Stadt umkämpft und 1760 zerstörten Kanonenkugeln Schloss und Schlosskirche. Die Thesentür wurde ein Opfer der Flammen. Ende des 19. Jahrhunderts wurde die Schlosskirche dann im gotischen Stil aufwändig restauriert. Zwei Bauarbeiter verschafften sich eines Nachts Zugang zu dem Grab Luthers. Erst später offenbarten sie sich: Ja, Luthers Sarg habe unversehrt in der Gruft gelegen. Er blieb bei allen Kämpfen und Stürmen unangetastet – Gott sei Dank! Diese Nachricht erfreute Kaiser Wilhelm I. so sehr, dass er anordnete, die beiden Bauleute strafrechtlich nicht zu belangen.

Rechte Seite: Luther auf dem Totenbett; Zeichnung von Lukas Furttenagel (1546).

Es ist eine Unmöglichkeit: Eine solch schmale Biographie kann nicht ausreichen, um das reiche Leben Luthers in seiner Gänze, mit allen seinen Bezügen und Wirkungen darzustellen. Entlang wichtiger Stationen wird daher Luthers Leben schlaglichtartig dargestellt: vom Lateinschüler zum Studenten und Mönch, der von der evangelischen Erkenntnis angetrieben in einen unausweichlichen Konflikt mit seiner Kirche geführt wurde. Ungewollt wurde er zum Reformator und Mitbegründer einer neuen Konfession, einer neuen Kirche. Er blieb immer seiner Sache verpflichtet, seiner Frage nach einem gerechten Gott und seinem lebenslangen Suchen, Forschen in der Bibel. Jeden Vers klopfte er ab und lehrte die Heilige Schrift, übertrug sie schließlich aus den Ursprachen in ein kräftiges und bildhaftes Deutsch. Der Mönch, der eine Nonne heiratete, der Vater, der aus seiner eigenen Erziehung lernte, aber auch der Mensch mitten im Leben, der gerne Wein und Bier trank und an langen Abenden mit seinen Freunden an der häuslichen Tafel im ehemaligen Augustinerkloster zu Wittenberg zusammensaß. Der mutige Bekenner, der die Bulle des Papstes verbrannte und auf dem Reichstag zu Worms standhaft blieb und nicht widerrief.

Wir schauen auf eine Zeit tiefgreifender Umbrüche, die voller Dynamik steckte, wie sie lange Zeit nicht erlebt wurde. Neue Welten wurden entdeckt, der Planet Erde im Sonnensystem auf seiner Umlaufbahn eingeordnet und der Mensch als Teil der Natur. Der Blick ging zurück zu den Altertümern, ihren Philosophen und ihren Sprachen; *ad fontes* – an die Quellen, so lautete der Leitspruch. Die Erfahrung des Einzelnen wurde wichtig, an ihr wurden alle Regeln gemessen und geprüft; das Gewissen mit seiner Unruhe, mit seinen drängenden Fragen wurde als Instanz ernst genommen. Der Mensch in seinem Personsein wurde jetzt erst richtig erwachsen. Ebenso war der aufbrechende Kapitalismus in seinen Ursprüngen und Anfängen erkennbar. Die Geldwirtschaft begann. Erste Industrien entstanden, Städte wuchsen in einem vorher nicht gekannten Tempo. Der Bedarf an Bildung stieg immens, der Buchdruck verbreitete das Wissen. Im Laufe nur weniger Jahre wurden Universitäten überall im Lande gegründet; in einem Umfeld mit einem fast unübersichtlichen Machtgeflecht zwischen Klerus und Staat, im Spannungsfeld zwischen Kaiser und Fürsten.

Viele Luther-Biographien sind in den Jahrhunderten erschienen, viele Legenden haben sich um ihn gebildet, viele Sichtweisen haben sich an seiner Person gespiegelt. Eine dicke Schicht »Patina« der Historie hat sich bei ihm abgesetzt, so dass der Luther des ausgehenden 15. und beginnenden 16. Jahrhunderts darunter nur noch in Umrissen zu erkennen ist. Selbst originale Luther-Zitate machen es Historikern nicht leicht: Aus der Kinder-, Jugend- und Studentenzeit sind uns vielfach nur Mitschriften von Luthers Tischreden überliefert. Es sind Sätze, die Luther Jahrzehnte nach dem eigentlichen Ereignis aus der Sicht des reichlich bekannten Reformators gesprochen hat, oft geäußert in angeregter Runde nach dem einen oder anderen Glas Bier oder Wein. Aufgeschrieben wurden sie von Gästen: Studenten, Freunden, Weggefährten. So hat man diese Worte kritisch zu prüfen, da sie neben dem Ereignis auch immer eine Färbung und Wertung enthalten. Der gesunde Menschenverstand und Menschenkenntnis ergänzen dann diese für die späteren Jahre auch reichlich vorhandenen Dokumente. Kaum eine Person war so einflussreich, wurde zur Projektionsfläche, war Identifikationsfigur wie Martin Luther, der – schon zu Lebzeiten, aber besonders auch nach seinem Tod – Menschen einte, aber auch unerbittlich trennen und scheiden konnte. So waren Darstellungen über ihn stets mit Wertungen und Bewertungen verbunden, die Spiegel ihrer Zeit waren und bis heute sind. Auch diese Biographie ist – auch wegen ihrer Kürze – nicht frei von Wertungen und Sichtweisen, die aus der Zeit der Niederschrift herrühren. Den »wirklichen« oder »wahren« Luther« kann und wird es nie geben. Jede Leserin und jeder Leser ist herausgefordert, den jeweils »eigenen« Luther zu finden! Dieses Büchlein mag eine kleine Hilfe dabei sein.

1. Ehrgeizige Zukunftspläne: als Bauernsohn auf höheren Schulen

> Ich bin eines Bauern Sohn. Mein Urgroßvater, Großvater und Vater sind rechte Bauern gewesen; wiewohl der Vater sagte, er wolle mich zu etwas Größerem machen, ein Schultheiß und was sie mehr im Dorf haben; würde irgend ein oberster Knecht über die anderen sein. Darnach ist mein Vater (von Möhra/Thüringen und Eisleben/Sachsen) nach Mansfeld gezogen und daselbst ein Berghauer geworden. Daher bin ich.
> (WA T 5, Nr. 6250, zitiert nach: Läpple, S. 48)

> Meine Eltern waren zuerst arme Leute. Mein Vater ist ein armer Hauer (Bergmann) gewesen. Die Mutter hat all ihr Holz auf dem Rücken eingetragen, damit sie uns erzogen hat. Haben harte Arbeit ausgestanden, dergleichen die Welt jetzt nicht mehr ertrüge.
> (WA T 3, Nr. 2888b, zitiert nach: Läpple, S. 23)

Es ist der 10. November 1483. Der jungen Familie Luder wird der zweite Sohn geboren. Am Folgetag, dem Namenstag des heiligen Martin von Tours, lassen Hans und Margarethe Luder ihren Sohn taufen, weswegen dieser den Namen Martin erhält. Die Taufe findet in der zugigen und noch in Bau befindlichen Pfarrkirche St. Peter und Paul zu Eisleben statt. Auch dieses ein Zeichen: Die Stadt befindet sich im stetigen Aufbau; der ständig wachsende Abbau von Kupfer- und Silbererz in der Umgegend bringt der Stadt Reichtum, der an allen Ecken zu spüren ist. Und auch die Luders sind Teil dieser Aufbruchstimmung. Die Familie ist erst seit Kurzem in der Stadt, die damals 4 000 Einwohner zählt. Hans Luder hat in einer der Kupferminen eine Anstellung gefunden als Bergmann, als Hauer im Kupferstollen. Es ist ein beruflicher und privater Neuanfang, der zunächst schwer ist. Für die Luders ist es ein Aufbruch zu neuen Ufern, die nächste Station der Familie ist bei der Geburt von Martin schon in Sicht.

Vieles hatte Hans Luder zurücklassen müssen. Er stammte aus dem Ort Möhra in Thüringen, einige Kilometer südlich von Eisenach. Der Großvater von Martin betrieb dort einen großen Hof. Durch glückliche Heirat mit der Tochter eines Großbauern hatte er sein Anwesen deutlich vergrößert und gehörte so zu den reicheren Bauern in der Gegend. Sie waren freie Bauern, die ihrem Landesherren den Erbzins zahlten, aber ansonsten ihre Dinge selbst regeln und regionale Verordnungen eigenverantwortlich erlassen konnten. Das Erbrecht – der jüngste Sohn erbte – sicherte die Größe und Wirtschaftlichkeit der Höfe. Jedoch, Hans Luder gehörte zu den älteren Söhnen und stand als junger Mann vor der Entscheidung: Knecht auf dem elterlichen Hof unter dem Kommando seines jüngsten Bruders werden, auf einen anderen Hof einheiraten oder den Ort verlassen und sich eine eigene neue Existenz aufbauen. Hans entschied sich für das Letztere und erkannte, dass der Kupferbergbau Chancen für ihn bot. Vielleicht erleichterte ihm die Heirat mit Margarethe Lindemann diese Entscheidung auch. Sie war bereits eine Bürgerliche, hatte einflussreiche Verwandtschaft in Eisleben. Mitglieder ihrer Familie waren gebildet, hatten Schulen besucht oder besaßen Universitätsabschlüsse.

So war der Neuanfang nicht einfach für Hans Luder. Die Arbeit war hart, die neue Situation erforderte Ausdauer und Disziplin. Seine Frau hielt ihm den Rücken frei, sorgte für den Haushalt und die stetig anwachsende Kinderschar – acht oder neun Kinder sollen es gewesen sein – und sie musste eisern sparen. Denn schon nach kurzer Zeit hatte sich die Möglichkeit ergeben, dass Hans als Mitglied einer Genossenschaft Pächter und Betreiber einer Kupfermine bei Mansfeld werden konnte, was ein großes finanzielles Risiko bedeutete. Auf dem Lande war Hans die Naturalwirtschaft gewöhnt gewesen, man tauschte Ware gegen Ware und hatte somit sofort den Gegenwert. Die Geldwirtschaft war zu der Zeit neu und den Menschen fremd. Einen Kredit aufzunehmen bedeutet immer eine Wette auf eine gelingende Zukunft, auf ein funktionierendes Geschäft. Und Hans musste nun als Kleinunternehmer das Risiko eingehen, Anlagen zum Abbau des Kupfers und Ausstattung der Mine zu kaufen und vorzufinanzieren. Kreditverträge und Pachtverträge sollten ihn bis fast ans Lebensende binden. So musste mit eiserner Disziplin gespart werden, um die Raten an die Bankhäuser und Gläubiger zahlen zu können, immer mit der Angst, ob das Kupfer auch wieder einen guten Preis erzielen würde und ob die Mine auch reichhaltiges Erz zu Tage förderte.

Nur wenige Monate nach Martins Geburt zog die Familie Luder nach Mansfeld, das mit seinen 2 000 Seelen das Zentrum des dortigen Erzbergbaus bildete. Hier residierte der Graf von Mansfeld in seinem Schloss, das auch in seiner Größe die wachsende Bedeutung des Bergbaus der Region anzeigte.

Die beiden Bilder, die Lucas Cranach 1527 von den Eltern Luthers anfertigte (siehe Abb. S. 14f), lassen gut erkennen, welchen Status das Ehepaar damals hatte und wie

Luthers Vater Hans Luder, gemalt 1527 von Lucas Cranach d. Ä.

es von ihrem Leben gezeichnet war. Da ist zunächst Hans Luder, in Gesichtsausdruck und Form des Kopfes seinem Sohn Martin ähnlich. Ein breiter runder Kopf, der den Bauernsohn erkennen lässt. Aber der Pelz zeigt an, dass er an seinem Lebensende zu einem gewissen Reichtum gekommen war. Die Augen drücken jedoch, und noch stärker ist es bei Luthers Mutter zu erkennen, eine gewisse Leere aus. Die Härte der Arbeit, die damit verbundenen Spannungen, die nötige Disziplin und die Entbehrungen in der Familie werden hier spürbar. Besonders Luthers Mutter zeigt das Bild einer abgearbeiteten Frau. Unter dem schlichten weißen Kopftuch schaut ein hageres Gesicht mit eingefallenen Wangen hervor, es findet sich bei ihr kein Zeichen von Reichtum; fast könnte es sich auch um eine Bauersfrau handeln. Ihr Alltag in Haus und Küche, ihre Sorgen als Mutter haben Spuren hinterlassen. Die häusliche Erziehung der Kinder war mitunter auch streng. Martin berichtete in späteren Jahren, dass er wegen einer entwendeten Nuss von seiner Mutter geschlagen wurde und dass ihn sein Vater gezüchtigt habe. Als Reaktion sei er weggelaufen. Dem Vater habe sein Handeln jedoch leid getan. Gefühle wurden also gezeigt, trotz aller Anspannung.

Martin soll schon als Kleinkind ein aufgeweckter Junge gewesen sein, und so kam er mit sieben Jahren in die Mansfelder Lateinschule. Dies war nicht die Regel. Ein allgemeines Schulwesen oder eine Schulpflicht gab es damals noch nicht. Aber die Luders dachten an die Zukunft: In der Familie der Mutter waren Bildung und Schulbesuch üblich und Hans hatte bei seinen Kredit- und Pachtverträgen am eigenen Leibe gespürt, wie gut es wäre, einen gescheiten Juristen in der Familie zu haben. Nach Wunsch der Eltern sollte aus Martin etwas werden, langfristig sollte der Sohn vielleicht sogar ein Studium absolvieren, am besten Jura. Aber dies lag alles noch in weiter Ferne, erst einmal mussten lateinische Vokabeln gelernt werden. Es war eine Paukschule damaliger Verhältnisse mit Deklinieren und Konjugieren, Lateinisch und Deutsch. Wenn man hier falsch lag oder den Stoff nicht gelernt hatte, so hatte man Strafen zu erwarten – gar nicht zu reden von den Strafen, die bei mangelnder Disziplin verhängt wurden. Bei Martin zeigte sich schon bald, dass er mit Sprache gut umgehen konnte und er entwickelte ein gutes Gespür für den Bau der Sätze, aber auch für ihren Klang.

Mit 13 Jahren begann für Martin ein neuer Lebensabschnitt. Als Jugendlicher verließ er für immer sein Elternhaus und war nun überwiegend auf sich allein gestellt. Es ergab sich, dass er zusammen mit einem Bekannten nach Magdeburg auf eine Lateinschule gehen konnte. Magdeburg, eine der größten Städte des damaligen Deutschen Reiches, war für Luther eine ganz

Die Mutter Margarethe Luder, gemalt 1527 von Lucas Cranach d. Ä.

neue Erfahrung. Neben der neuen Schule und den Eindrücken der Großstadt kam Martin zum ersten Mal in Kontakt mit mönchischem Leben und fand hier ein neues Zuhause. Er lebte – wohl auch aus Kostengründen – bei den »Nullbrüdern« in klösterlicher Gemeinschaft und erlebte den Tagesablauf der Mönche. Die Laienbrüder kümmerten sich um den heranwachsenden Jungen, schauten nach seinen Schularbeiten. Aber dieses Intermezzo dauerte nur annähernd ein Jahr. Martin wurde in diesem Jahr »erwachsener«, eine Erfahrung, die sich in dem später entwickelnden Protestantismus in der Konfirmation niederschlagen sollte: ein Bekenntnis, eine Markierung, ein Fest an der Schwelle zum Erwachsenwerden.

Die Eltern hatten neue Pläne für den Sohn, er sollte nach Eisenach wechseln, wo einige der Verwandten wohnten. Martin fand Aufnahme im Haus Schalbe, einer angesehenen Familie der Stadt. Hier hatte er einen Freitisch. Und zusammen mit Kaspar, dem Sohn der Familie, ging er zur Lateinschule. Neben der Schule fand er hier Kontakt zu einer Gruppe junger Menschen, die sich mit dem Vikar Johannes Braun trafen. Hier fühlte sich Martin als Junge angesprochen von der freundlichen und herzlichen Art der Gruppe, hier wurde er angenommen so wie er war, unabhängig von seinen schulischen Leistungen. Noch Jahre später wird dieses enge Verhältnis zu Johannes Braun deutlich. Zwei Briefe drücken die enge und herzliche Beziehung aus, die zwischen den beiden bestand: Der älteste von Luther erhalten gebliebene Brief ist an Braun gerichtet, es ist die Einladung zu Luthers Primiz, seiner ersten Messe. Hier bat er um den Beistand und die Nähe seines väterlichen Freundes. Ebenso ist der erste Brief, den Luther aus Wittenberg schrieb, an den befreundeten Vikar gerichtet. Nachdem Martin sich für seine späte Benachrichtigung über den Ortswechsel entschuldigt hat, schreibt er am 17. März 1509 an seinen Freund:

> Ich bin völlig davon überzeugt, daß ich auch Dir soviel bedeuten werde, da Dein Vertrauen in mich nicht meiner Leistung, sondern einzig Deiner Güte entsprungen ist, […] Wir sind somit zwar räumlich getrennt, geistig uns aber noch näher gekommen.
> (WA Br 1, 16, 1–21, zitiert nach: Oberman, S. 106)

Hier sind schon Spuren im Leben des Heranwachsenden zu erkennen, die sich später in seiner »reformatorischen Erkenntnis« ausdrücken. Theologische Einsichten nehmen Erfahrungen aus Luthers Leben auf, Erfahrungen, die er mit nahestehenden Menschen gemacht hat.

Die Lateinschule in Eisenach besuchte Martin bis zum Jahr 1501. Elf Schuljahre lagen nun hinter ihm, eine lange Zeit für damalige Verhältnisse, aber so war er gut gerüstet für den Besuch einer Universität. Martins bisherige schulische Leistungen entsprachen so ganz den hohen Erwartungen der Eltern.

Das gesteigerte Selbstbewusstsein des nun schon gebildeten Martin spiegelte sich auch in seinem Namen wider. Beim Einschreiben in die Matrikelliste der Universität Erfurt sollte sich bereits der Nachname leicht ändern. Mit dem Namen »Martinus Ludher ex Mansfelt« schrieb er sich ein. Dieser Eintrag ist zudem der älteste urkundlich belegte Nachweis zu Luthers Leben. Einträge im Taufregister oder Aufzeichnungen aus seinen bisherigen Schulen sind nicht erhalten geblieben. Erst ab Ende 1517, ab seinem Gang in die Öffentlichkeit mit seinen 95 Thesen, benutzte Martin den dann gebräuchlichen Nachnamen »Luther«. Er unterschrieb das Begleitschreiben zu seinen 95 Thesen an den Erzbischof Albrecht von Mainz mit »Martinus Luther, Augustiner, berufener Doktor der heiligen Theologie«. So ist dieser Brief vom 31. Oktober 1517 der erste Beleg dieser Schreibweise. Im »th« klingt das griechische Wort *eleutherios* durch: der Freie, der Befreite, als der sich Martin ab der Veröffentlichung der Thesen fühlte.

2. Vom Studenten zum suchenden und fragenden Mönch

Mit zwanzig Jahren hatte ich noch keine Bibel gesehen. Ich meinte, es gäbe keine Evangelien und Episteln außer den sonntäglichen, alljährlich wiederkehrenden der Postillen. Endlich fand ich in der Bibliothek eine vollständige Bibel.
(WA T 3, Nr. 3767, zitiert nach: Läpple, S. 78)

Dort [im Kloster] gaben mir die Mönche eine Bibel, die war in rotes Leder gebunden. Diese machte ich mir so vertraut, daß ich wußte, was auf jeder Seite stand und, wenn mir ein Satz genannt wurde, sofort wußte, wo er vorkam.
(WA T 1, Nr. 116, zitiert nach: *Luther im Gespräch*, S. 64)

Mit der Einschreibung an der Universität Erfurt hatte sich Martin für eine der ältesten Universitäten auf deutschem Boden entschieden. Die Erfurter Universität war zur damaligen Zeit nicht unbedingt bekannt für ihre höheren Fächer Jura, Medizin oder Theologie, sondern hatte vielmehr einen ausgezeichneten Ruf für ihr philosophisches Grundstudium, den »Artes Liberales«, den freien Künsten und Wissenschaften. Diese meinen einen Kanon von sieben Fächern, wie er im Altertum gelehrt wurde: das *Trivium*, bestehend aus den sprachlichen Fächern Grammatik, Rhetorik und Dialektik, und das *Quadrivium* mit den naturwissenschaftlichen/mathematischen Disziplinen Arithmetik, Geometrie, Musik und Astronomie. In diesem Grundstudium eignete sich Martin seine philosophischen und sprachlichen »Werkzeuge« an, die später bei der Bibelübersetzung und bei akademischen Auseinandersetzungen so hilfreich wurden.

Der Bedarf an Bildung und an Akademikern war damals beträchtlich. Man brauchte Juristen für die aufstrebenden Städte und ihre Verwaltungen, für die Geldhäuser und an den Höfen der Landesherren, ebenso Mediziner in der durch die aufkommenden Naturwissenschaften fundierten Medizin. Städte wollten gut ausgebildete Theologen in ihren großen und prächtigen Kirchen hören, nicht nur die in den Klöstern geweihten Priester. Der Beginn des 16. Jahrhunderts war gezeichnet von der Neugründung von Universitäten. Die Wittenberger Universität wurde erst ein Jahr nach Luthers Studienbeginn gegründet, Universitätsgründungen in Mainz (1477), Frankfurt/Oder

(1506), München (1472), Tübingen (1477), Marburg (1527) oder Greifswald (1456) fallen in die damalige Zeit. Hier spielte auch der Ehrgeiz von Landesherren eine Rolle, die zunächst für ihren guten Ruf und dann auch für die Entwicklung ihres Landes diese innovativen Einrichtungen benötigten. Landesherren waren mitunter findig in der Besetzung der Lehrstühle. Um die Staatskasse nicht zu belasten, bekamen die Orden in der Stadt die Erlaubnis und Möglichkeit, einzelne Lehrstühle zu besetzen. Die Verflechtungen zwischen Klöstern und Universitäten waren damals eng und beide befruchteten sich gegenseitig.

Erfurt war damals eine Stadt des Handels, der Bildung sowie der Kirchen und Klöster. In der 20 000 Einwohner zählenden Stadt kreuzten sich die Handelswege aus Russland nach Westeuropa und aus Italien nach Nordeuropa. Auf der Krämerbrücke und auf den Marktplätzen waren viele europäische Sprachen zu hören. So hatte sich hier im Mittelalter auch eine beträchtliche Anzahl von Juden niedergelassen, die jedoch nach einem Pogrom im 14. Jahrhundert die Stadt verlassen hatten. Unweit der Universität stand noch die alte Synagoge, die zu Luthers Zeiten als Lagerhaus genutzt wurde. Unterhalb der Krämerbrücke am Ufer der Gera befand sich die Mikwe, wenn auch ungenutzt. Martin kam hier, wie in den vorangegangenen Aufenthaltsorten, nicht mit Juden in Kontakt; eine Tatsache, die uns später noch interessieren wird. Die Universität wurde nach neueren Urkundenfunden bereits 1379 gegründet – wenige Jahre vor den Gründungen in Heidelberg und Köln – und somit die älteste auf heutigem deutschem Boden. Wenn man in die Stadt Erfurt kam, so blickte man auf die Türme von nicht weniger als vier Stiftskirchen, 21 Pfarrkirchen und elf Klosterkirchen. Acht Orden hatten hier ihre Klöster errichtet, so waren alle bedeutenden Orden des Mittelalters vertreten. Dieses Umfeld und diese Stadt sollten für ungefähr zehn Jahre Martin Luther Heimat und geistig-kultureller Nährboden sein.

Es mag uns heute überraschend erscheinen, dass Martin Luther erst in Erfurt das Buch »entdeckt«, das in der Folge sein weiteres Leben bestimmen sollte: die vollständige lateinische Bibel, die damals allgemein in Kirche und Universität gebräuchliche Vulgata. Seit 50 Jahren wurde sie bereits gedruckt, nach dem von Gutenberg entwickelten Verfahren. Als Schüler und Kirchgänger hatte Martin nur aus Lesungen im Gottesdienst oder aus dem wiederholten Lernen einzelner Verse im Unterricht kleinste Teile und Leseabschnitte der Heiligen Schrift kennengelernt. So war er nun als Student völlig überrascht, wie groß der Umfang der Bibel war, welche große Anzahl an Schriften sie umfasste und wie reichhaltig ihre literarischen Formen waren. Nun waren seine Neugierde und sein Interesse geweckt! Er fing an zu lesen, zunächst an der Universität in dem Lesesaal der Bibliothek. Eine so dicke Bibel, ein so wertvolles Buch konnte er zunächst nicht besitzen. So »entdeckte« er ein biblisches Buch nach dem anderen – eine für ihn spannende Reise durch die heiligen Schriften begann, und umso mehr er las, umso größer wurde die Spannung und umso größer wurde das Interesse an der Schrift. Später als Mönch war es für ihn ein unermesslich großer Schatz, dass er nun »seine« Bibel, in rotem Leder gebunden, mit auf seine Zelle nehmen durfte. Jeder Mönch hatte sein persönliches Exemplar. Hier konnte er nun lesen und forschen. So manche Nacht studierte und befragte er mit seinen quälenden Fragen die Schriften, auf der Suche nach dem gerechten Gott, nach der erlösenden Zeile, die seine Fragen beantworten sollte. In späteren Jahren als Professor in Wittenberg las er zweimal pro Jahr die komplette Bibel. Nach heutigen Bibelausgaben entspricht dieses einer Leseleistung von zehn Seiten pro Tag; eine gute Stunde täglich hielt er sich für seine Bibellektüre frei. Luther hatte ein gutes Gedächtnis, wusste, an welcher Stelle welcher Vers zu finden war und konnte Schlüsselverse aus dem Stegreif sicher und frei zitieren.

Schon seit längerer Zeit gab es in der Theologie zwei Richtungen, die sich in der Gesamtausrichtung der jeweiligen Universitäten widerspiegelten. Da gab es auf der einen Seite die *via antiqua,* den alten Weg. Hier wurde in althergebrachter Weise die im Mittelalter bestimmende Lehre der Scholastik des Thomas von Aquin gelehrt. In Erfurt aber, trotz des Alters der Universität, wurde die *via moderna,* der neue Weg, beschritten, der sich Anfang des 16. Jahrhunderts in der Lehre an immer mehr Universitäten durchsetzte.

Die Scholastik war mit Thomas von Aquin zu einem Höhepunkt gekommen, aber mit der Zeit zu einem starren und unbeweglichen System geworden. Sie erklärte die Welt aus den Allgemeinbegriffen heraus, den sogenannten »Universalien«. Vom Allgemeinen wurde auf das Einzelne, das Individuum geschlossen. Nur wenn es die allgemeine und universale Realität der Menschheit gibt, kann es auch das Individuum Mensch geben, so war das Verständnis dieser Denkrichtung.

Ganz entgegengesetzt stellte sich dagegen die Gewinnung von Erkenntnis bei den Vertretern der *via moderna,* des modernen Weges, dar. Die Vertreter dieser neuen Schule waren die sogenannten Nominalisten oder Ockhamisten – benannt nach dem Gelehrten Wilhelm von Ockham. Sie schlossen vom Konkreten, vom Individuum auf das Ganze, auf die übergeordneten abstrakten Begriffe (lat. *nomen*). Vom konkreten

Menschen leiteten sie den allgemeinen Begriff der Menschheit ab. Dieser Erkenntnisweg hatte immense Auswirkungen auf die Naturwissenschaften: Wissenschaftliche Spekulationen mussten nun durch Erfahrung gestützt und bewiesen werden. Das Experiment, das *trial and error*, musste die wissenschaftliche These belegen. Gelang dieses nicht, so war die These als falsch zu verwerfen. Weitere Experimente konnten dann zu neuen Erkenntnissen führen.

In der Sprachwissenschaft und der Philosophie ging man in der Zeit der Renaissance und des Humanismus an die Quellen des Altertums. Luther ging ebenso diesen Weg, er forschte in der ältesten Quelle, der Bibel, zunächst noch in der lateinischen Ausgabe nach dem Leitspruch »*ad fontes!*«, an die Quellen. Die Bibel war und blieb seine Basis, sein Experimentierfeld. Konnte er hier keine sicheren Belege finden, so waren Begriffe und Anschauungen der spekulativen Philosophie zu verwerfen. Sein Kriterium zur Beurteilung der Wirklichkeit, aber auch des Redens von und über Gott war die Heilige Schrift, nur die ließ er gelten – »*sola scriptura*«, allein die Schrift.

Für diesen Weg des wissenschaftlichen Arbeitens fand Luther in Erfurt zwei hervorragende Lehrer: Jodokus Trutfetter und Bartolomäus Arnoldi. Sie verfassten Handbücher und Lehrbücher zu Logik und Naturphilosophie, die Luther nun gewinnbringend nutzen konnte. Die beiden Lehrer hielten ihre Studenten an, die alten Schriften stets im Original zu lesen und keine Kommentare zu benutzen.

Am Anfang schien Luther das Studium nicht so ernst genommen zu haben. Er genoss das Leben in einer Burse, einer Art Studentenwohnheim, wo die Studenten auf engem Raum zusammenwohnten. Die Gemeinschaft mit den Kommilitonen, die fröhlichen Abende mit Gesang, Wein und Bier, das war sein Leben. Bei den Zusammenkünften sang er gern und spielte die Laute. Dieses Instrument hatte er erlernt, als er nach einer schweren Verletzung das Bett hüten musste. Mit seinem Degen hatte er sich einige Kilometer außerhalb von Erfurt am Unterschenkel verletzt. Einem Mitstudenten gelang es, gerade noch rechtzeitig einen Arzt zu holen, der die stark blutende Wunde verbinden konnte. Martin hatte in seiner Verzweiflung schon die Mutter Maria angefleht und sich damit auf den Tod vorbereitet.

Bei dem studentischen Lebenswandel blieben die Noten des Baccalareus, des Abschlusses zur Mitte des Grundstudiums, nur im Mittelfeld. Erst am Ende des Studiums kam bei Luther ehrgeiziger Eifer und große Ernsthaftigkeit auf. Dies schlug sich dann auch in den Noten nieder: Er schloss den Magister am Ende der Artes-Studien mit dem zweitbesten Ergebnis aller Studenten ab.

Nun stand die Frage im Raum, ob und wie es weitergehen sollte. Luther war ganz gepackt von den Entdeckungen, Einsichten, die er in seinem bisherigen Studium machen konnte und die nun weitere Fragen aufgeworfen hatten. Die Bibel wollte er weiter studieren, ihr noch mehr auf den Grund gehen. Juristische Fragen lagen ihm völlig fern, Aussicht auf materiellen Wohlstand trieb ihn nicht an. Vater und Sohn werden hierüber schon des Öfteren gesprochen und auch gestritten haben. Die Wünsche des Vaters nach Aufnahme des Jurastudiums an der höheren Fakultät – und damit die Aussicht auf gut dotierte und sichere Anstellungen – waren unvereinbar mit den Interessen und Fragen von Martin. Das Studium der Theologie oder der Gang ins Kloster verhießen keine so guten Lebensperspektiven, auch wenn die Fragen, die Martin als Studenten bewegten, von großer Bedeutung waren und ihn als Person ganz in Bann nahmen.

Zunächst konnte sich jedoch der Vater durchsetzen. Martin schrieb sich an der juristischen Fakultät ein. Mit dem Geld, das ihm sein Vater mitgegeben hatte, kaufte er die nötigen Bücher. Bei seinen Besuchen in Mansfeld wird er vermutlich seine Neigungen und die daraus erwachsene Not dem Vater geschildert haben – die Mutter wird bei diesen Themen wohl außen vor gewesen sein. Als Reaktion erhöhte wiederum der Vater den Druck und drängte den 22-Jährigen zur Heirat. So wollte er seinen Sohn vom Wunsch, ins Kloster zu gehen, abbringen. Im Stande der Ehe wäre ihm das Mönchtum ein für alle Mal versperrt. Vielleicht spielte in dieser Phase auch der Tod zweier Geschwister von Martin eine Rolle. Nun sollte er doch als Hoffnungsträger der Familie auch ihren Wünschen entsprechen. Diese widerstreitenden Interessen bewegten seine Seele und bedrückten ihn, als er am 2. Juli 1505 auf dem Rückweg von seinen Eltern kurz vor Erfurt in einen heftigen Gewittersturm geriet. Ein Blitz schlug neben ihm ein und er sah sich dem Tode nah. In seiner Verzweiflung legte er im Namen der heiligen Anna, der Schutzpatronin der Bergleute, das Gelübde ab, ins Kloster zu gehen. Dieses Gelübde hat so zu einer »Lösung« des Konfliktes beigetragen, da nun die beiden Autoritäten Vater versus Gott gegeneinanderstanden. Martin hätte auch das Gelübde widerrufen können, da es in einer Notsituation geleistet wurde. Aber das zog Luther nicht in Erwägung. Er ging zum Buchhändler, verkaufte die kürzlich erworbenen Bücher, feierte am Vorabend des Klostereintritts mit seinen Kommilitonen noch einmal ausgiebig und zog am Morgen des 17. Julis in deren Begleitung zum Kloster der Augustiner-Eremiten, klopfte am großen Eingangstor und bat um Einlass.

Sein Vater reagierte wütend, als ihn diese Nachricht erreichte, er sah das vierte Gebot verletzt: Martin solle Vater und Mutter ehren, indem er ihren Wünschen folgen und für sie im Alter sorgen möge. Die Eltern hatten mit all' ihrer Sparsamkeit den Besuch von Schule und Universität ermöglicht. Nun schienen diese elterlichen Mühen umsonst, der Sohn war hinter Klostermauern verschwunden. Es sollte lange dauern, bis der Vater seinen Groll gegenüber Martin überwinden konnte.

Martin Luther wählte wahrscheinlich bewusst das Augustiner-Eremiten-Kloster. Es gab in Erfurt allein sieben Männerklöster, die zur Auswahl standen, so auch die Benediktiner, Dominikaner und Franziskaner. Zwei Dinge schienen dieses Kloster für Martin interessant zu machen. Zum einen hatte es an der Erfurter Universität einen Lehrstuhl für Theologie und gehörte zum anderen zu einer Reformbewegung innerhalb des Ordens, der sich der gewissenhaften Erfüllung der Ordensgelübde verpflichtet sah. Reform bedeutete hier die Rückkehr zu den alten und verbindlichen Regeln.

Im Mittelalter gab es mehrere Bewegungen innerhalb der verschiedenen Orden, die auf Reformen gedrängt hatten, wie etwa die Reformbewegung des Benediktinerklosters Cluny.

Ein profilierter Vertreter der Reformrichtung der Observanten (lat. *observare* = beachten) innerhalb der Augustiner-Eremiten war Johann von Staupitz, der 1503 Generalvikar der sächsischen Reformkongregation geworden war. Staupitz wurde für die Entwicklung Luthers, besonders für seine »Karriere« innerhalb des Ordens, wichtig – ebenso wie der Namensgeber des Ordens, der Kirchenvater Augustin. Augustin hatte 354–430 in Nordafrika gelebt und Wert auf das individuelle Erleben des Glaubens gelegt. In seinem Buch *Confessiones* legt er auf sehr persönliche Art Rechenschaft über seinen Glauben ab, womit es den Charakter eines Bekenntnisses gewinnt. Der Orden selbst war noch relativ jung und erst Mitte des 13. Jahrhunderts von Papst Alexander VI. als Bettelorden gegründet worden.

So schloss sich am 17. Juli 1505 hinter Martin die Pforte des Klosters und er trat in eine Welt ein, die ihm nicht gänzlich unbekannt war. Bereits in Magdeburg hatte er klösterliches Leben kennengelernt und auch das Leben in einer Burse, Leben auf engstem Raum und unter einfachsten Bedingungen, war ihm durchaus vertraut. Bei seinem Eintritt lebten und studierten etwa 50 Mönche im Kloster. Das Klosterleben war nicht einfach, es gab nur einen beheizten Raum, das Bad. Die Mönche trugen wollene Unterwäsche und darüber ihre schwarze Kutte mit großer Kapuze. Zunächst musste Martin eine kurze Probezeit durchlaufen, wurde von dem Novizenmeister Johann Greffenstein betreut und eingewiesen. Erst danach begann sein eigentliches Noviziat.

Im September 1506 legte er in der Klosterkirche auf dem Boden vor dem Altar liegend seine Profess und damit die drei Mönchsgelübde ab: absoluter Gehorsam, Armut und Keuschheit. Jetzt war er Vollmitglied des Klosters und bezog seine eigene Zelle von gerade einmal sechs Quadratmetern. Gerade in der ersten Zeit wurde er vielfach für Reinigungsarbeiten eingesetzt. Aber sein Novizenmeister sowie auch Staupitz erkannten bald, mit welchem Ernst Martin in der Bibel forschte und las und wie drängend seine Fragen nach einem gerechten Gott waren. Daher bekam er in der Folgezeit vermehrt Arbeiten zugeteilt, die ihm mehr Zeit für seine Studien ließen.

So war es nur folgerichtig, dass Martin recht bald zur Priesterweihe vorgeschlagen wurde. Hierfür war kein abgeschlossenes Studium der Theologie notwendig. Die Priester der damaligen Zeit hatten einen recht unterschiedlichen Bildungshintergrund: von einem Priester auf dem Dorf, der gerade mal die Messe »lesen« konnte und die verwendeten lateinischen Worte kaum verstand, bis hin zu Priestern, die ein Theologiestudium oder weitere Studien abgeschlossen hatten. Martin gehörte mit seinem Studienhintergrund zu der letztgenannten Gruppe. Am 3. April 1507 empfing Martin – auf dem Boden einer Kreuzgangkapelle des Erfurter Doms liegend – vom Mainzer Weihbischof das heilige Sakrament der Priesterweihe. Diese Amtshandlung im kleinen abgeschlossenen Rahmen bedurfte aber der öffentlichen Ausführung eines ersten Gottesdienstes, der Primiz. Martin lud hierzu seinen Freund Johannes Braun und seinen Vater ein. Abhängig von der Zusage des Vaters wurde dann die Primiz für den 2. Mai 1507, den Sonntag Kantate, festgelegt. Für Martin war es ein bewusster Akt der Ablösung, ein Übergang von der Familie hin zum Priestertum. So ist es verständlich, dass Martin bei der Primiz im Inneren zutiefst aufgewühlt war. Der offene Konflikt mit seinem Elternhaus, besonders mit seinem Vater, bestand immer noch. Zudem war Martin im Kloster stets besonders gewissenhaft gewesen, wollte alles richtig machen. Seine Aufregung war daher nur zu verständlich. Er wollte bereits vom Altar weglaufen, da konnte ihn der Prior noch zurückhalten. Martin brachte die Messe dann auch hinter sich, so dass sein Vater damit zufrieden war, der zu diesem Ereignis mit großem Gefolge gekommen war, 20 Reiter kamen mit ihm ins Kloster geritten und er spendete 20 Gulden. Hier trafen zwei Lebensentwürfe deutlich aufeinander: der erfolgreiche Geschäftsmann mit Prunk und Geld – sein Sohn im Kloster eines Bettelordens.

Die folgenden fünf Jahre sollte Johannes von Staupitz zu einem Freund und Förderer von Luther werden. Bei seinen Besuchen in Erfurt sprach er mit Luther, hörte seine ihn bedrängenden Fragen, erzählte ihm vom gnädigen Gott. Endgültig beruhigte dies

Luther jedoch zunächst nicht. Zu drängend waren dessen Fragen, deren Antworten er bei einem intensiven Studium der Bibel zu finden suchte. Schon recht früh förderte Staupitz Luther, da er für ihn schon Pläne hatte. Luther sollte ihn in Aufgaben der Lehre und auch innerhalb des Ordens ersetzen und nachfolgen. So wurde Staupitz zu Luthers wichtigem Gesprächspartner und Beichtbruder, aber besonders auch zu seinem Förderer.

Als Generalvikar des Ordens besaß Staupitz genügend Macht und Einfluss. Er war Gründungsvater der Universität Wittenberg und hatte den bedeutenden Lehrstuhl für Bibelauslegung inne. So holte er Luther, der inzwischen Student der Theologie geworden war, nach Wittenberg. Zunächst bekam er im Herbst 1508 – wie damals üblich für Studenten in einem der höheren Studiengänge – eine Lehrbeauftragung im unteren Artes-Studiengang. Im Fach Philosophie las er über die Ethik des Aristoteles. Dieses war zunächst gar nicht nach seinem Willen und Geschmack, da er sich nun wieder mit der nicht so sehr geliebten Philosophie beschäftigen musste. Aber hierdurch waren sich Luther und Staupitz über längere Zeit – mit Unterbrechungen – sehr nah. Luther bekannte später, dass Staupitz in dieser Zeit zu einem seiner wichtigsten Lehrer, Förderer und Vertrauten wurde. An der theologischen Fakultät in Wittenberg machte Luther im März 1509 seinen Baccalaureus. Doch dann musste Luther für knapp zwei Jahre Wittenberg wieder verlassen. Er wurde wieder zurück nach Erfurt gerufen, denn nun fehlte es hier an einem theologischen Lehrer. Luther lehrte zunächst aus einer Sentenzensammlung an der theologischen Fakultät. Diese Sammlung enthielt Lehrsätze der damaligen Väter der Theologie. Hier war er mehr Lektor, also Vortragender der gängigen Lehrmeinung seiner Zeit.

Im Herbst 1510 wurde Luther zusammen mit einem weiteren Mönch ausgewählt, um in einem Konflikt die Interessen des Erfurter Klosters in Rom bei der Zentrale der Augustiner zu vertreten. Es war Zufall und Schicksal, dass Staupitz es war, der diesen Konflikt provoziert hatte. Er hatte die Reformbewegung unterstützt und war nun Generalvikar für weitere Klöster geworden. In seiner neuen Position wollte er alle Klöster, die nun zu seinem Verantwortungsbereich gehörten, auf die neue Reformlinie bringen. Hiergegen stellten sich jedoch von den sieben Reformklöstern ausgerechnet zwei, nämlich Nürnberg und Erfurt. Um diesen Konflikt zu lösen, appellierten sie an Rom und schickten in dieser Sache die beiden Mönche in die heilige Stadt. Für Luther war es ein Loyalitätskonflikt. Er vertrat die Interessen seines Erfurter Konvents gegen seinen Förderer Staupitz und gegen seine eigene Einstellung. Jedoch ließ Rom die

Klage der beiden Klöster nicht zu. So war Luther entlastet. Die vier Wochen in Rom nutzte er als Pilger, in einer Art, wie es damals durchaus üblich war. Er betete in verschiedenen Kirchen und an Wallfahrtsorten, so auch kniend auf der heiligen Treppe am Lateranpalast. Im Frühjahr 1511 kamen die beiden Mönche zurück von der langen und mühsamen Reise. Lange Strecken – besonders über die Alpen bei Schnee und Kälte – hatten die beiden zu Fuß zurückgelegt.

In Erfurt blieb Luther nur für wenige Monate. Staupitz holte ihn nun endgültig nach Wittenberg. Hier drängte er Luther, seine Promotion in Theologie voranzubringen, denn er plante bereits, ihn auf seinen Lehrstuhl zu berufen. Im Oktober promovierte Martin Luther zum Doktor der Theologie. Sein Doktorvater war Andres von Karlstadt, ein späterer Wegbegleiter Luthers. Endlich besaß Luther die Berechtigung, an der theologischen Fakultät zu unterrichten. Staupitz verließ kurz darauf Wittenberg und damit Luther und berief diesen auf den bedeutenden Lehrstuhl der Bibelwissenschaft. Mit 29 Jahren war Martin Luther Professor, wahrscheinlich einer der jüngsten seiner Zeit. Es gab als Reaktion auch Sticheleien aus der theologischen Fakultät Erfurt, wo man erst mit 50 Jahren zu einem Lehrstuhl der Theologie gelangen konnte. Zudem hatte Luther den Erfurtern anscheinend Zusagen gemacht, die er jetzt nicht mehr halten konnte. Diese Sticheleien verstummten aber, nachdem Luther diese Vorwürfe per Brief zurückweisen konnte.

Der Weg »vom Bauern zum Professor« war damit gegangen. Luther hatte den damals nicht ganz unüblichen, aber doch auch besonderen Karriereweg durch seinen Fleiß und sein unbedingtes Interesse an der Sache der Theologie zurückgelegt. Er wusste auch um seine Verantwortung – und sein Weg war noch lange nicht zu Ende. Martin Luther stand gerade erst am Anfang seiner akademischen Laufbahn. Die Konflikte, die noch kommen sollten, waren in all’ ihren Ausmaßen noch nicht in Sicht.

3. Kirche und Staat im Zeichen der Zeitenwende

Martin Luther war 1512 Professor an der neu gegründeten Universität von Wittenberg und damit auch »am Ende der Welt«, in der Provinz am Rande des kursächsischen Fürstentums. Das 2 000-Seelen-Städtchen war eine Welt für sich. In knapp 15 Minuten konnte man es auf der Hauptstraße vom einen Ende zum anderen durchschreiten. Hier gab es das fürstliche Schloss mit seiner Schlosskirche, den Marktplatz mit Rathaus und alter Stadtkirche, das »Medienzentrum« in den Höfen des Lucas Cranach mit Malwerkstatt und Druckerei, die Hörsäle der Universität, die neben dem Augustiner-Eremiten-Kloster lagen. Hier hatte Luther seine Zelle bezogen. Als Mönch war er gleichzeitig Universitätsprofessor und ging die wenigen Schritte zwischen Collegium und Kloster hin und her.

Es war eine beschauliche Idylle zu Beginn von Luthers Wirken. Niemand ahnte, welche Dynamik von diesem Städtchen und von einem einzelnen Mönch ausgehen sollte. Die Stadt schien wenig von der Welt und ihren grundlegenden Veränderungen wahrzunehmen. Viel ist darüber diskutiert worden, ab welchem Zeitpunkt man von der Neuzeit sprechen kann und welches Ereignis diese Zeitenwende bewirkte. Es waren viele Aspekte und Ereignisse, die zu den Umwälzungen beitrugen.

Die Strukturen des damaligen Deutschen Reiches und die der Kirche sind hier zu betrachten. Die Vielzahl der Begebenheiten und Ereignisse ergeben in der Zusammenschau ein Bild, das die Umbrüche der Reformation verständlich macht. Hier sei aber darauf hingewiesen, dass die Reformation nicht zwangsläufig aus den Umständen und Gegebenheiten der damaligen Zeit entstehen musste. Es ist eher andersherum: Viele Entwicklungen werden verständlich, wenn man die Vorgeschichte kennt. Zudem hat sich Luther selber nie als »Reformator« bezeichnet. Der Begriff »Reformation« war vor 1517 gebräuchlich im staatlichen Bereich, wenn es um die Reichsreform ging; dort wurde eine Reformation des Reiches gefordert und an der Schaffung neuer Strukturen gearbeitet. Luther ging es eher um »Besserung«: Besserung der kirchlichen Umstände, Besserung des Einzelnen durch Buße. Wie angespannt und brüchig die allgemeine kirchliche und gesellschaftliche Situation an der Wende zum 16. Jahrhundert war, zeigt die auf den ersten Blick zunächst unbedeutende Tatsache, dass aus dem Bußruf eines einzelnen kleinen Mönches die *Reformation* entstehen konnte. Dieser Bußruf brachte umfassende Umwälzungen der Verhältnisse in Gang, nicht nur innerhalb der Kirche. Staatliche Machthaber waren ebenso von den Neuerungen betroffen – und zwar grundlegend.

Das Heilige Römische Reich deutscher Nation war kein einheitlich durchstrukturierter Staat mit klaren Hierarchien, sondern ein Reich mit vielen unterschiedlichen Machthabern und Einflusssphären. Der Kaiser war von seinen Landesfürsten abhängig, er war gewählt und er musste bei den Wahlen um die Gunst der Wahlberechtigten werben und Wahlgeschenke verteilen. Diese Zusagen und Geschenke mussten zudem mit Geld finanziert werden, das der zu Wählende nicht hatte. Es waren mitunter hohe Summen, die den Kurfürsten versprochen wurden. So wurden die Finanziers solcher Wahlgeschenke zu reichen und bestimmenden Machtfaktoren: die Bank- und Handelshäuser, so besonders der Fugger in Augsburg. Diese wiederum ließen sich – wie im Kreditgeschäft üblich – Sicherheiten in Form von Ländereien und Erzminen geben.

Das Wahlgremium (und damit die Versammlung der mächtigsten Herren im Reich) waren die Fürsten und Bischöfe, die die Kurwürde besaßen. In der Goldenen Bulle von 1356 waren die Mitglieder des Wahlgremiums festgelegt: die drei Erzbischöfe von Mainz, Köln und Trier sowie die Landesherren von Böhmen, Brandenburg, Sachsen und der Pfalz. Aus dieser Zusammensetzung lässt sich erkennen, dass es mit den Erzbischöfen mächtige kirchliche Figuren auf dem Spielfeld der staatlichen Macht gab. Und: Jeder Bischof, ob nun mit oder ohne Kurwürde, war zugleich immer auch ein weltlicher Herrscher. Auch die kirchlichen Amtsträger hatten vielfach Schulden gemacht, um in ihre lukrativen Positionen zu gelangen. So ist es heute bekannt, dass ungefähr die Hälfte der Einnahmen aus dem Ablasshandel des Johann Tetzel dazu diente, die Schulden des Erzbischofs Albrecht von Mainz zu tilgen. Die eine Hälfte der Ablassgelder landete in den Kassen der Fugger und nur die andere Hälfte wurde von Augsburg nach Rom überwiesen.

Damit sind wir auch schon bei den Kirchen und den religiösen Stimmungen. Es herrschte große Furcht vor Verdammnis und daraus resultierte ein starkes Bedürfnis nach Heil. In den Kirchen suchten die Gläubigen nach Erlösung. Die spürbare Endzeitstimmung rief nach persönlicher Buße. So ist aus Nürnberg aus den Jahren 1489/90 überliefert, dass dort 43 Beichtväter über einen Zeitraum von sechs Wochen täglich Bußprozessionen durchführten, zu denen regelmäßig 500 Gläubige kamen. Andererseits blieb den Menschen nicht verborgen, dass die Sorge der Kirche nicht ihnen galt, sondern der Sicherung von Macht und Einfluss. Materielle Dinge standen eher im Vordergrund als geistige oder geistliche Bedürfnisse der Gläubigen. Die Priester waren zudem oft schlecht ausgebildet. Es gab keine Aufstiegschancen. Getrennt von dieser klerikalen Unterschicht herrschten die Bischöfe, die zum großen Teil aus dem Adel stammten und keine Theologen waren. So konnte es passieren, dass Bischöfe in ihrer Amtszeit keinerlei Messen lasen; hierfür hatten sie ihre Vikare. Viel lieber kümmerten sie sich um weltliche Belange und genossen ihre Privilegien. Obwohl der Zölibat Gültigkeit hatte, so war es nicht selten, dass Priester oder Bischöfe mit Frauen – in welcher Form auch immer – zusammenlebten. Nach Zahlung von Abgaben an die Kirchenleitung wurde diese Lebensform geduldet.

Weitgehend unabhängig von den weltlichen und kirchlichen Strukturen waren die Mönchsorden organisiert. Ihre räumliche Ausdehnung und ihre Hierarchien waren nicht deckungsgleich mit denen der Kirche. Auch hatten Bischöfe keine Durchgriffsgewalt auf die Klöster in ihrem Bistum. Vielfach lagen die Zentralen der einzelnen Orden in Rom, dennoch handelten sie unabhängig vom Papst. In so manchem Kloster hatte sich ein »lockeres Leben« eingestellt, so dass in der Vorstellung vieler das Leben dort aus Schlemmen von reichhaltigen Speisen und aus Gelagen bei Wein und Bier bestand. Der gut genährte Mönch mit rundem Bauch war dafür ein markantes Bild, das sich in der Bevölkerung festgesetzt hatte. Aber schon längere Zeit gab es gerade aus den Mönchsorden eine starke Bewegung zur Rückbesinnung auf die Ursprünge, auf die alten Regeln der Ordensgründer, die sogenannte Observanten-Bewegung. Im Erfurter Kloster und bei Johann von Staupitz hatte Luther diese Bestrebungen selber kennengelernt.

Die deutschen Lande waren agrarisch strukturiert. Die Menschen lebten vom Ertrag ihrer Ernten und waren abhängig von den Launen der Natur. Der Ertrag reichte gerade zum Leben, Zuwächse waren nicht zu erzielen. Überschüsse mussten oft als Abgaben an Landes- oder regionale Herren gezahlt werden. Zudem führte das Erbrecht zu immer kleineren Parzellen, die nicht mehr wirtschaftlich betrieben werden konnten. Anders war es in den Städten, die vom Handel und vom Handwerk lebten. Der Großteil der Städte hatte zwischen 2 000 und 5 000 Einwohner. Städte mit mehr als 20 000 Einwohnern waren nach dem damaligen Maßstab Großstädte, wie Köln, Nürnberg oder Augsburg. Ausdruck der Macht und des bescheidenen Wohlstandes sind heute noch die mächtigen Kirchen in den Städten, die zu der damaligen Zeit gebaut wurden. Zünfte oder Knappschaften hatten in den Seitenflügeln ihre eigenen und vielfach prachtvollen Altäre. Auf den Märkten wurden die Waren der Region feilgeboten und an Kreuzungswegen des Handels auch Waren aus ferneren Regionen. In den

Städten gab es die ersten Schulen. Denn es wurden zunehmend gebildete Menschen gebraucht: als Stadtschreiber, Kämmerer, Advokaten und Beamte in den Verwaltungen oder an den Höfen. Auf dem Lande waren Schulen selten oder es gab sie nicht: Pommern beispielsweise hatte zur damaligen Zeit lediglich sechs Schulen.

In den reichen und größeren Städten, aber auch in kleineren Städten mit Universitäten kam Ende des 15. Jahrhunderts das Druckerhandwerk hinzu. Ein Verlagswesen bildete sich langsam heraus. Johannes Gutenberg (um 1400–1468) hatte den Buchdruck mit beweglichen Lettern erfunden. Nun wurde es möglich, Bücher und Schriften in kurzer Zeit und mit hohen Auflagen zu erstellen. Bis zur Zeit Luthers sind etwa 10 000 Buchtitel auf diesem Wege in Deutschland hergestellt und veröffentlicht worden, jeweils in einer Auflage von wenigen Tausend Exemplaren. Das erste gedruckte Buch war die lateinische Bibel und es waren in den ersten Jahrzehnten hauptsächlich Bücher mit geistlichem Inhalt, die bei den Druckern in Auftrag gegeben wurden. Später kamen dann Bücher der Humanisten hinzu, die nun die Schriften des Altertums herausgaben. Erasmus von Rotterdam hat 1516 das Neue Testament in Griechisch bearbeitet und herausgegeben. Die Reformation verhalf dem Druckgewerbe zu einem kräftigen und bleibenden Aufschwung. Es war der erste Boom in der Medienwelt. Nicht nur Bücher wurden gedruckt, sondern auch eine Vielzahl von Flugschriften, die für die des Lesens unkundige Bevölkerung mit Bildern versehen waren. So wurden im Umfeld des Reichstages in Worms 1521 über 100 Flugschriften in Umlauf gebracht, die sich zum größten Teil auf die mit Spannung erwartete Anhörung Luthers bezogen. Der Buchdruck machte so eine Zeitenwende möglich, Gedanken konnten – auch außerhalb der Kontrolle der Obrigkeit – in kurzer Zeit mit vielen Menschen in einem großen Radius geteilt werden.

Martin Luther ging gerade in die zweite Klasse der Lateinschule, als in Südspanien Christoph Kolumbus (um 1450–1506) mit seinen drei Karavellen in See stach und nach dem Seeweg zu einem indischen Hafen suchte. Was er jedoch fand, war ein noch fremdes Land im Westen. Dies war eine folgenschwere und bedeutende Entdeckung, die das alte Europa vom Zentrum der Welt an den Rand innerhalb des globalen Kontextes rückte. Für Spanien und Portugal ging nun der Blick über das Meer Richtung Westen, hier waren ab jetzt die großen Reichtümer zu holen. Luther hat die Entdeckung Amerikas nie wirklich im Blick gehabt, sie lag ihm zu fern. Aber Karl V., der gleichzeitig König Karl I. von Spanien war, investierte viel Energie in die Unterwerfung dieses neuen Kontinents und der Sicherung seiner Schätze. So hatte die Entde-

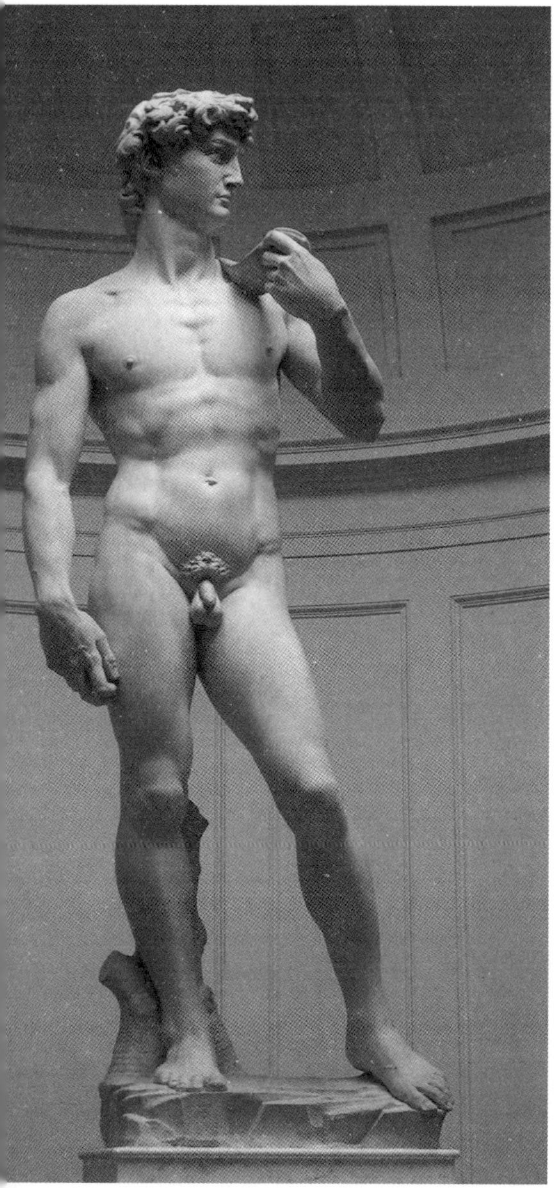

ckung Amerikas indirekt Einfluss auf die »Sache Luther«. Die Glaubensauseinandersetzung hatte vor diesem Hintergrund nicht mehr die allerhöchste Priorität; es galt dagegen, eine neue Welt zu erobern.

Ein anderes Ereignis bedrohte Europa aus dem Osten und erforderte für einige Zeit die volle Aufmerksamkeit der deutschen Fürsten. 1453 fiel Konstantinopel an die Türken. Mit dem Untergang des oströmischen Reiches dehnte sich das Osmanische Reich immer weiter aus, kam über den Balkan bis nach Ungarn. Im Herbst 1529 wurde schließlich die Stadt Wien für knapp einen Monat von den Türken belagert. Zur Verteidigung wurden Reichstruppen gestellt, um die Truppen der Osmanen letztlich zurückzuschlagen.

In der Kunst schlug sich um 1500 eine Sichtweise nieder, die ihre Wurzeln im Humanismus hatte. Michelangelo (1475–1564) schuf mit seiner Skulptur »David« (1501/04) eine bemerkenswerte Darstellung einer biblischen Figur. Sie ist nicht heroisch, wie sie für einen »Helden des Alten Testaments«, einen Stammvater des Judentums und mächtigen König angemessen sein könnte und wie sie im Mittelalter auch dargestellt wurde. Hier wird ein Mensch gezeigt, nackt, mit seiner ganzen Physis, die Steinschleuder liegt locker auf Schulter und Hand.

Michelangelo, »David« (1501/04).

Ähnlich arbeitete auch Albrecht Dürer (1472–1528). In seinen Aquarellen »Feldhase« und »Das große Rasenstück« (1502/3) bildete er Natur mit all' ihren Details in photographischer Weise ab.

Ein weiterer Zeitgenosse Luthers war Nikolaus Kopernikus (1473–1543), dessen Name der Zeitenwende seinen Namen gegeben hat. Kopernikus wusste, auf welchen Widerstand seine Entdeckung seitens der Kirche stoßen würde. Er hatte beobachtet und exakt beschrieben, dass die Erde nur ein kleiner Planet im Ganzen des Sonnensystems sei und um die Sonne kreise. Daher gab er aus gutem Grund das Buch mit seinen umwälzenden Erkenntnissen erst auf dem Totenbett zur Veröffentlichung frei. Luther lernte es daher nicht mehr kennen.

Die Reformation bewirkte große Umbrüche in der Geistesgeschichte, in der Kunst, in der Geldwirtschaft, in der Astronomie und Geographie und besonders in den Naturwissenschaften. So haben auch die Entdeckungen des Kopernikus und der aufkommenden exakten Naturwissenschaft Grundsteine für neue Sichtweisen und unser modernes Weltbild gelegt. Aus diesen Gründen ist es angebracht, für die Zeit um 1500 von einer Zeitenwende zu reden, die viele Ursachen hatte und sich auf viele Wissenschaften auswirkte, aber auch vom »gemeinen Mann auf der Straße« wahrgenommen wurde.

Oben: Albrecht Dürer, »Feldhase« (1502); rechts: »Das große Rasenstück« (1503).

4. Reformatorische Entdeckungen und die Thesen gegen den Ablass

> Da habe ich angefangen, die Gerechtigkeit Gottes so zu begreifen, daß der Gerechte durch sie als durch Gottes Geschenk lebt, nämlich aus Glauben; ich begriff, daß dies der Sinn ist: offenbart wird durch das Evangelium die Gerechtigkeit Gottes, nämlich die passive, durch die uns Gott, der Barmherzige, durch den Glauben rechtfertigt, wie geschrieben steht: ›Der Gerechte lebt aus dem Glauben.‹
> (WA 54, 185f, aus der Vorrede zu Luthers lateinischen Schriften 1545, mit Bezug auf Röm 1,16f, zitiert nach: *Kirchen- und Theologiegeschichte in Quellen*, Bd. III, S. 210)

> Wer sprechen und hören will, muss lernen, einsam sein mit Christus. So widerfuhr es mir. Meine Lehre und Verkündigung konnte ich nicht in all den Büchern erwerben, im Aristoteles, bei den Scholastikern, Thomas, Scotus, solange ich nicht von der Menge abgesondert wurde und ihn allein hörte. Als ich das tat und jenen allein hörte und mich mit Maria zu Füßen Christi setzte [vgl. Lk 10,38–42], da habe ich gelernt, was Christus ist, und wurde gelehrt im Blick auf den Glauben.
> (WA 34/2, 148, 6–11, zitiert nach: Leppin, S. 83)

In der Abgeschiedenheit der Wittenberger Klosterzelle und Studierstube konnte Luther, Mönch und nun auch Professor, bei seinen Studien zur Theologie und besonders in der Bibel Entdeckungen machen, die mit damals gängigen Sichtweisen radikal brachen. Das Verhältnis zu Gott, die Sicht auf die Welt und den Menschen erhielten ein ganz neues Fundament. Schritt für Schritt arbeitete sich Luther vor und vermittelte seinen Studenten Vorlesung für Vorlesung seine Erkenntnisse. Hierbei wandte er für seine Zeit sehr moderne Methoden der Wissensvermittlung an. Er ließ bei einem örtlichen Drucker die biblischen Texte in lateinischer Sprache mit Leerzeilen und einem breiten Schreibrand drucken. So hatten er und seine Studenten zum einen den Text in gedruckter Form und gleichzeitig Raum, um diesen Text mit Kommentaren und der Vorlesungsmitschrift zu versehen (Abb. siehe S. 34).

Anfangs hielt Luther seine Vorlesungen durchaus in traditioneller Weise. Er diktierte den Studenten seine Deutung in Scholien und Glossen als Merksätze, die zu

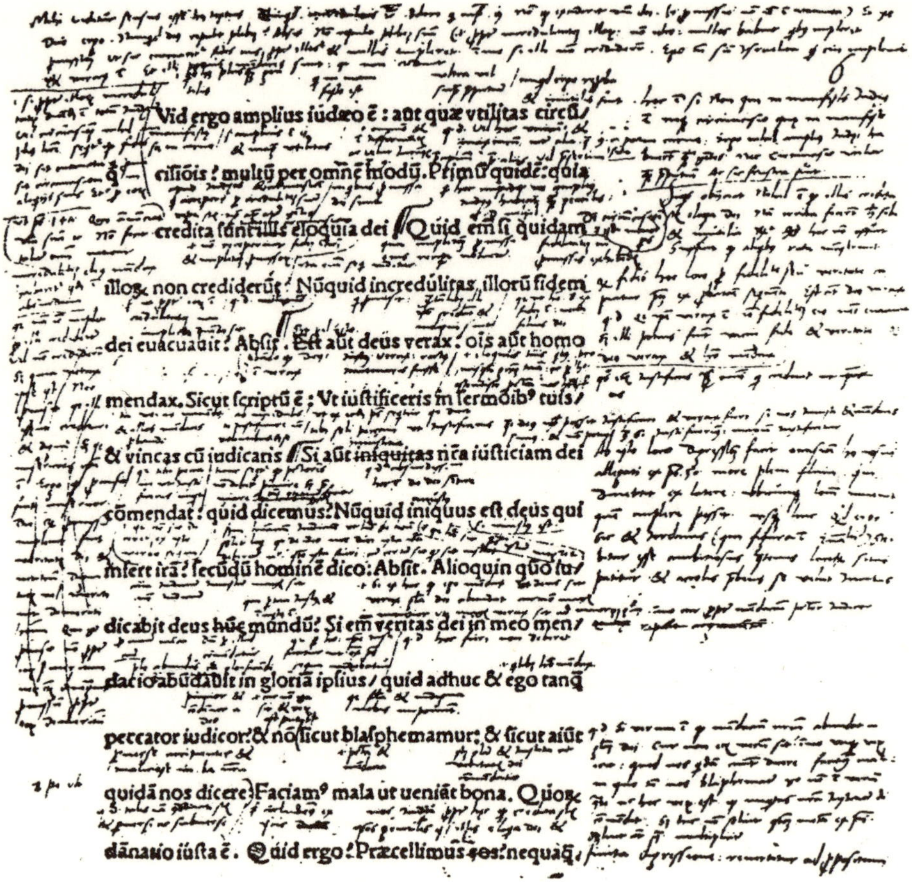

Vid ergo amplius iudæo ē: aut quæ vtilitas circū/
cisiois? multū per omnē modū. Primū quidē: quia
credita sunt illis eloquia dei ¶Quid em si quidam
illoꝝ non crediderūt? Nūquid incredulitas illorū fidem
dei euacuauit? Absit. Est aūt deus verax: oīs aūt homo
mendax. Sicut scriptū ē: Vt iustificeris in sermōib⁹ tuis/
& vincas cū iudicaris ¶Si aūt iniquitas nr̄a iusticiam dei
cōmendat: quid dicemus? Nūquid iniquus est deus qui
infert irā? secūdū hominē dico: Absit. Alioquin quō iu/
dicabit deus hūc mūdū? Si em veritas dei in meo men/
dacio abūdauit in gloriā ipsius/ quid adhuc & ego tanq̄
peccator iudicor? & nō sicut blasphemamur: & sicut aiūt
quidā nos dicere) Faciam⁹ mala ut ueniāt bona. Quoꝝ
dānatio iusta ē. Quid ergo? Præcellimus eos? nequaq̄

Beginn von Luthers Römerbrief-Vorlesung mit seiner eigenen Handschrift (1515).

lernen waren. Aus dem Vergleich von Mitschriften mit Luthers Vorlesungskonzepten lässt sich erkennen, dass er auch zunehmend kritische Töne notierte, die er offensichtlich in der Vorlesung selbst nicht vortrug. In den Mitschriften seiner Studenten finden wir die kritischen Anmerkungen jedenfalls kaum.

So wie Luther den Buchdruck didaktisch zu nutzen wusste, so legte er bei seiner ersten Vorlesung über die Psalmen jedoch noch den lateinischen Text zugrunde. Die alten biblischen Sprachen Hebräisch und Griechisch musste er sich erst nach und nach im Selbststudium beibringen. Er begann zunächst mit der hebräischen Sprache. Hier half ihm die damals einzige zugängliche Grammatik der hebräischen Sprache des Humanisten Johannes Reuchlin aus dem Jahre 1506. Mit der Zeit nahm Luther in seinen Vorlesungen immer stärker auf den hebräischen Text Bezug. Mit großer Entdeckerfreude ging er sprachwissenschaftlichen Fragen nach und zog reichen Ertrag daraus.

Noch schwer tat er sich zunächst mit dem Griechischen, der Sprache, in der Erasmus von Rotterdam 1516 die erste Ausgabe des Neuen Testaments veröffentlicht hatte. Luther erhielt diese Textgrundlage, als er in seiner Vorlesung zum Römerbrief gerade das 9. Kapitel behandelte. Zunächst war er kaum in der Lage, den griechischen Text flüssig und frei zu übersetzten. Erst mit der Wittenberger Universitätsreform 1518 und der Übernahme der Griechischprofessur durch Philipp Melanchthon sollte sich dies ändern. Unter Anleitung von Melanchthon konnte Luther die Sprache von Grund auf erlernen.

Erst jetzt – einige Jahre nach Beginn seiner Professur und nach den 95 Thesen – war Luther in der Lage, die Bibel in Hebräisch und Griechisch zu lesen und zu übersetzen. So drang er in immer neue Welten vor: von der lateinische Vollbibel im Lesesaal der Universität Erfurt zum ersten eigenen Bibelexemplar als Mönch, nun die Bibel in den Ursprachen. Dann als nächster Schritt, fast wie ein Weg zurück: die Übersetzung der Bibel in seine Muttersprache. Der Impuls für einen langen und vielschichtigen Prozess war damit gegeben: zunächst das in wenigen Wochen auf der Wartburg übersetzte Neue Testament, dann über mehr als zehn Jahre die Arbeit am Alten Testament. Hierzu traf sich bei Luther im Augustinerkloster – meist nach dem Abendessen – eine illustre Runde: Melanchthon mit einem griechischen Urtext, Cruciger, Professor und Kenner des Hebräischen, mit einer jüdischen hebräischen Bibelausgabe und Bugenhagen, Pastor an der Stadtkirche, mit der gewöhnlichen lateinischen Bibel. Sie alle arbeiteten an dem Text und feilten an den Formulierungen. Mitunter fanden sie erst nach Wochen einen Wortlaut, der ihnen allen gefiel, der bildhaft und für den gemeinen Mann auf der Straße verständlich war. Schließlich konnte die Bibel nach vielen Überarbeitungsgängen im Jahre 1534 vollständig herausgegeben werden. Luther arbeitete daran unermüdlich bis 1545, bis zur letzten von seiner Hand redigierten Ausgabe. Besonders an Wortlaut und Melodie der Psalmen feilte Luther. Ein Beispiel hierfür ist seine Übersetzung des 23. Psalms (siehe S. 41).

An der philosophischen Fakultät rückten die alten Sprachen immer mehr in den Mittelpunkt: die antiken Philosophen wurden im Urtext, in Latein oder Griechisch gelesen. Ebenso las man an der Theologischen Fakultät die Schriften der alten Kirchenväter in ihren Originalsprachen. Die Bibelwissenschaftler arbeiteten nun verstärkt am Urtext. Dies löste bei Luther und seinen Studenten eine regelrechte Begeisterung und Faszination für die biblischen Ursprachen aus. Lehrer, die noch auf Grundlage der lateinischen Texte arbeiteten, referierten innerhalb kürzester Zeit nur noch vor leeren Rängen. Wie viel den Landesfürsten und den Gelehrten damals die alten Sprachen wert waren, zeigt sich an der Besoldung der Griechisch- und Hebräischprofessoren. Reuchlin, ein renommierter Humanist, aber vor allem ein Lehrer der griechischen und besonders der hebräischen Sprache, gehörte an seiner Universität zu den bestbezahlten Professoren. Selbst der junge Melanchthon, der mit 21 Jahren seine Griechischprofessur antrat, war über lange Zeit besser besoldet als Luther.

Luther entdeckte mit seinen immer besser werdenden Sprachkenntnissen die Bibel in ihrer Fülle. In theologischen Diskussionen ließ er als letzte und entscheidende Instanz nur die Bibel als dem Urzeugnis des jüdischen und christlichen Glaubens gelten. So bildete sich bald sein Leitspruch heraus: *»sola scriptura«* – allein die Schrift! Das Neue an der Bibelauslegung Luthers war seine Fragestellung, die revolutionär war. Wurde noch im Mittelalter gefragt: »Was sagt die Bibel der Wissenschaft?« oder »Was sagt die Bibel der Kirche?« – so fragte Luther nun direkt und unmittelbar: *»Was sagt die Bibel mir?«*, wo und in welcher Form bin ich betroffen, ich als Mensch? Und so stand neben der Frage nach Gott für Luther nun auch die Frage nach dem Menschen im Mittelpunkt. Aus diesem persönlichen Bezug wird verständlich, warum Luther seine Auslegung der Bibel gerade mit den Psalmen begann. Er kannte sie aus den Gesängen im Kloster. Aber mehr noch: Sie sind Ausdruck der engsten Beziehung des gläubigen Menschen zu Gott. Sein Innerstes, sein ganzes Herz schüttet der Betende vor Gott aus: seinen Dank und sein Lob, aber auch sein Leid und seine Klage.

Zur Frage nach dem Menschen fand Luther beim Namensgeber seines Ordens, bei Augustin, wichtige Antworten, die ihm ein festes Fundament boten. So hatte der Kirchenvater in seiner Sündenlehre herausgearbeitet, dass der Mensch schon seit Adam ein sündiger Mensch sei. Bei Paulus fand Luther diese Sicht bestätigt: Die Menschen sind allesamt und immer Sünder. Aber, wie kann der Mensch mit dieser Einsicht leben? Verfällt er nicht in Resignation und Depression? Nein, die menschliche Existenz ist eine Existenz der permanenten Buße, der Änderung des Sinnes, der Umkehr, und die kann froh machen und befreiend sein und wirken.

So stellte Luther seinen Thesen auch diesen markanten Satz voran:

> 1. Unser Herr und Meister Jesus Christus wollte mit seinem Wort: ›Tut Buße‹ (Mt 4,17) usw. daß das ganze Leben der Gläubigen Buße sei.

In dieser Existenz der Buße ist der Mensch ganz auf Gottes Gnade angewiesen, er kann nichts aus eigener Kraft bewirken, was sein ewiges Heil betrifft. Gott hat uns seine Nähe zum Menschen und seine Gnade in der Person des Jesus aus Nazareth, des Gesalbten, des Christus, gezeigt. In dieser Gnade steht der Mensch, einer Gnade, die an keine Bedingungen oder Handlungen gebunden ist, einer Gnade, die immer gilt. So haben wir den zweiten Kernpunkt der Theologie Luthers erreicht: »*sola gratia*« – allein aus Gnade, allein die Gnade kann den sündigen Menschen gerecht machen.

Und der Mensch kann dieses Alles nur in der Haltung der Demut und im Glauben annehmen, in dem tiefen Vertrauen, dass Gottes Zusage gilt und dass er nun darauf sein Leben baut. In der Bibel fand Luther viele Zeugnisse, dass der Mensch nur auf diese Haltung des Glaubens bauen kann. Besonders bei Paulus entdeckte Luther die tragenden Sätze, die auf ihn eine Wirkung der Befreiung hatten (Röm 1,17; Gal 2,16). Damit haben wir das dritte *sola* seiner Theologie erreicht: das »*sola fide*« – allein der Glaube, allein durch den Glauben kann der Mensch das Heilsgeschehen Gottes erfassen und für sich annehmen.

Nun bleibt noch ein *solus* zu betrachten, das »*solus Christus*«, allein Jesus Christus, Jesus der Gesalbte. Und hier kommt die Person ins Spiel, die Luther in all seinen Anfechtungen immer besonders nahe und wichtig gewesen ist: Johannes Staupitz. Aus frühen Äußerungen und Reaktionen Luthers ist ersichtlich, dass er in Christus vor allem den Richter sah, vor dessen Strafe er sich nur fürchten konnte. Diese Angst war es wohl, die Luther beim Austeilen des ersten Abendmahls zittern ließ, und er fast in Ohnmacht fiel und kaum ein Wort über die Lippen brachte. Staupitz hingegen versuchte, dieser Angst entgegenzuwirken, indem er immer wieder von der Gnade Gottes erzählte, die Gott uns in Jesus Christus gezeigt hat. In diesem Glauben fand Luthers fragendes Herz schließlich seine Ruhe.

Die Konzentration auf Christus hatte für Luther Auswirkungen auf seine Bibelinterpretation. Auch das Alte Testament deutete er nun ganz von Jesus Christus her, ohne die alttestamentlichen Heilszusagen als eigenständig anzuerkennen und aus sich heraus zu verstehen. Bildlich wurde das »*solus Christus*« von Lucas Cranach in der Predella des Altars der Wittenberger Stadtkirche von 1547 dargestellt. Luther zeigt auf Christus, auf den leidenden Jesus am Kreuz. Es ist keine Verherrlichung, sondern in Demut begegnen wir dem Leidenden und blicken auf das Kreuz im Zentrum des Bildes.

Am Ende seines Lebens sah Luther eine Stelle aus dem Römerbrief (Röm 1,16f) als *die* Schlüsselstelle zum Verständnis der Gerechtigkeit Gottes. Die Erkenntnis der Gerechtigkeit allein aus dem Glauben wurde zum Kern seiner reformatorischen Entdeckung. Dieses Lutherzitat (s. o.) ist vielfach untersucht und interpretiert worden, als könne man das reiche Leben und die Lehren Luthers wie in einem Brennglas auf einen Punkt fokussieren. Es waren jedoch viele verschiedene Erkenntnisse, die ihn in Summe drängten, seine Thesen öffentlich zu machen. Aber die Thesen waren noch nicht der Endpunkt, sondern nur ein Meilenstein. Luther klopfte seine Erkenntnisse weiterhin anhand der Bibel ab und prüfte sie auf ihre Stichhaltigkeit. Die Entwicklung seiner Theologie war ein Prozess über mehrere Jahre und seine exegetischen Erkenntnisse waren mit der Auslegung des Römerbriefes nicht beendet. So kann man nicht von *der reformatorischen Entdeckung* oder *dem einen Durchbruch* als alleinigem Ereignis sprechen, sondern es waren unterschiedliche Entdeckungen, die Luther in seiner »reformatorischen Lehre« festigten. Er selbst sah sich als »Verbesserer« in einer sündigen Welt, als Prediger und Prophet, der den Menschen eindringlich die Buße predigte.

Sehr direkt und unmittelbar kam Luther mit dem Ablasshandel in Kontakt. Mit Geld in den Taschen gingen einzelne Bürger aus Wittenberg über die Grenze in das nahe Brandenburg, hörten die Predigten Tetzels und kauften Ablassbriefe. Im Beichtstuhl der Stadtkirche erfuhr Luther von diesem Ablasstourismus, denn er versah hier auch den Predigtdienst. Was Luther jedoch nicht oder nicht im vollen Umfang wusste: Der Verkauf der Briefe und die Predigten des Dominikanermönches Johann Tetzel hatten einen ganz handfesten finanziellen und machtpolitischen Hintergrund. Albrecht von Brandenburg war im Jahre 1513 zum Erzbischof von Magdeburg und zum Leiter des Bistums Halberstadt gewählt worden. Im Jahr darauf wurde er zudem Erzbischof von Mainz. Mit der damit zusammenhängenden Kurwürde war er einer der mächtigsten Männer im Reich. Das Erzbistum Mainz war zu der Zeit hoch verschuldet. Nach dem Kirchenrecht war es nicht erlaubt, zwei Erzdiözesen vorzustehen. So holte sich Albrecht in Rom eine Sondergenehmigung, die jedoch kostenpflichtig war. Um dieses alles finanzieren zu können, wurde das Bankhaus Fugger eingeschaltet und folgende Vereinbarung getroffen: Albrecht bekam die Genehmigung, in seinen Landen Ablassbriefe zu verkaufen. Die Hälfte des Geldes ging an die Fugger, um die Schulden zu tilgen und die fälligen Zinsen zu bedienen. Der Druck, der auf Albrecht lastete, und

Lucas Cranach d. Ä., Predella des Altars (1547) der Stadtkirche in Wittenberg.

letztlich auch auf Tetzel, war enorm. Dieser machte sich die mittelalterliche Vorstellung vom Fegefeuer zu Nutze. Die Menschen der Zeit hatten Angst, nach einem nicht einwandfreien Leben in die Hölle zu kommen. Ängste und Unsicherheiten quälten sie. Tetzel versprach ihnen eine Entlastung ihrer Seelenqualen und verkaufte in großer Zahl seine Ablassbriefe. Die Briefe versprachen den Besitzern eine nach Jahren gestaffelte Befreiung von den drohenden Höllenstrafen. Solche Predigten fanden starke Resonanz und die Einnahmen waren folglich immens. Auch Tetzel selbst war Nutznießer. Er und seine Mitarbeiter verdienten das Vielfache von einem städtischen Beamten.

Die Ablass-Predigten und die damit zusammenhängenden Praktiken widersprachen Luthers Gnadenverständnis und Bußlehre. Er griff nun zur Feder und verfasste 95 Sätze gegen diese Praxis. Eigene Positionen in Thesen zu fassen und zur Diskussion zu stellen, war damals gängige Praxis besonders an den Universitäten. Rhetorische und argumentative Fähigkeiten der Studenten wurden so ausgebildet. Das Bild, was sich in 500 Jahren festgesetzt hat, ist dann der öffentliche Anschlag dieser 95 Thesen an der Tür der Schlosskirche zu Wittenberg, also dem Schwarzen Brett der Universität. In den historischen Quellen sind hierfür jedoch keine Belege zu finden. Vielmehr hat Melanchthon nach Luthers Tod davon berichtet; er hielt sich aber 1517 noch gar nicht in Wittenberg auf. Ebenso ist nicht überliefert, dass es in Wittenberg eine Diskussion an der Universität gegeben habe. Hier blieb es ruhig! – ganz zum Erstaunen Luthers. Am 31. Oktober 1517, dem denkwürdigen historischen Datum, hat Luther dem Bischof von Mainz seine Thesen geschickt. In einem Begleitschreiben bat er darum, mit dem Verkauf der Ablassbriefe aufzuhören. Albrecht erkannte sofort, welche kirchenkritische Sprengkraft diese Thesen besaßen, zudem war sein »Finanzierungsmodell« damit zum Scheitern verurteilt. Er handelte umgehend und erstattete Anzeige in Rom. Da sonstige öffentliche Reaktionen – nicht nur an seiner Universität – ausblieben, verschickte Luther die Thesen an Freunde in Leipzig und Nürnberg. In Leipzig wurden sie bald in Druck gegeben und in Basel erschienen sie Anfang 1518 in Buchform. Bei Humanisten und Gelehrten fanden sie großes Interesse und Zustimmung. In deutschen Übersetzungen wurden sie auch der lesekundigen Bevölkerung zugänglich. Sie wurden populär, denn die Bevölkerung litt unter der kostspieligen Praxis und lehnte sich hiergegen bereits auf.

Es ist eine Ironie der Geschichte: Luthers Landesvater und Beschützer in den nun folgenden Wirren, Friedrich der Weise, las die Thesen zunächst mit sehr gemischten Gefühlen, denn er hatte in Sachsen sein eigenes »Ablasssystem«. Er war bekannt als eifriger Sammler von Reliquien, die in diversen Kirchen aufbewahrt und gezeigt wurden, so auch in der Schlosskirche zu Wittenberg. Der Besuch der Reliquien kostete Geld und galt ebenso als »gutes Werk«, das vor der Strafe einer drohenden Hölle schützen sollte. Interessanterweise hat Luther diese Praxis des Ablasses an keiner Stelle ausdrücklich beklagt oder erwähnt!

Der weitere Weg von Johannes Tetzel war tragisch. Nach dem losbrechenden Streit musste er sich in das Paulinerkloster in Leipzig zurückziehen. Papst Leo X. erließ umgehend eine Ermächtigung, die Tetzel zum Doktor der Theologie promovierte. Jedoch starb dieser im August 1519 an der Pest im Alter von annähernd 60 Jahren. Am Schluss kamen sich Tetzel und Luther menschlich näher. Als Tetzel – von der Krankheit gezeichnet – mit dem Tode rang, war Luther ebenso in Leipzig auf der Disputation. Zudem soll Luther einen letzten Brief an ihn geschrieben haben, worin er versicherte, dass die von ihm begonnene Diskussion über den Ablass nicht gegen die Person Tetzel gerichtet sei; »das Kind habe viele andere Väter« (WA 54, 184, 34–36, zitiert nach: Läpple, S. 115).

Exkurs zur Bibelübersetzung

Psalm 23

(Verse 1–3)

Der Herr, der richt' mich,
und mir gebrast [= mangelte] nit,
und an der Statt der Weide
do satzt' er mich.
Er fuorte mich ob dem Wasser
der Wiederbringung,
er bekehrt' mein Seel.
Er fuort' mich aus auf die
Steig der Gerechtigkeit
umb seinen Namen.
(nach einer deutschen Übersetzung aus der Vulgata von 1466, Mentelin-Bibel)

Der Herr ist mein Hirte,
mir wird nichts mangeln.
Er läßt mich weiden
in der Wohnung des Grases
und nähret mich am Wasser
guter Ruhe.
Er kehret wieder meine Seele,
er führet mich auf den
rechten Pfad
umb seins Namens willen.
(nach einer handschriftlichen Notiz Luthers)

Der Herr ist mein Hirte,
mir wird nichts mangeln,

Er läßt mich weiden,
da viel Gras steht,
und führet mich zum Wasser,
das mich erkühlet.
Er erquicket meine Seele,
er führet mich auf rechter Straße
umb seins Namens willen.
(Erstdruck von Luthers Psalmen 1524)

Der Herr ist mein Hirte,
mir wird nichts mangeln.
Er weidet mich
auf einer grünen Auen
und führet mich
zum frischen Wasser.
Er erquicket meine Seele,
er führet mich auf rechter Straße
umb seines Namens willen.
(Revision der Psalmen 1531)

[aus: www.ostfriesische-bibelgesellschaft.de/download/martinluther.pdf, S. 4]

Der Herr hirtet mich,
darumb manglet mir nichts.
Er macht mich in schöner weid lüyen
Und fürt mich zu stillen wassern.
Mit denen erfristet er mein seel,
Treybt mich auff den pfad der gerechtigkeit
umb seynes namens willen.
(Zürcher Bibel von 1531, übersetzt von Huldrych Zwingli)

[aus: www.grossmuenster.ch/bibelaufnetz/]

5. Keine Angst vor kirchlichen Autoritäten!

> Es ist ein großer Irrtum, daß jemand meint, er könne Genugtuung für seine Sünden leisten, da doch Gott die Sünden zu jeder Zeit umsonst aus unbegrenzter Gnade vergibt und nichts anderes dafür verlangt, als hinfort recht zu leben.
> (13. These aus dem »Sermon von Ablass und Gnade«, Februar 1518, WA 1, 245, 21–23, zitiert nach: Oberman, S. 204)

Gewissermaßen über Nacht und gegen seinen Willen war Luther innerhalb weniger Monate zu einer bekannten Person im Bereich der Universitäten, der Kirche, aber auch bei der Bevölkerung geworden. Die Thesen wurden zum Bestseller, Luther zu einem der ersten Medienstars der Weltgeschichte. Diese schnelle Verbreitung hatte er weder gewollt noch erwartet. Er hatte über die Wirkung keine Kontrolle mehr und dies war ihm eigentlich nicht recht – auch wenn er wenige Monate darauf sowie in späteren Jahren den Buchdruck sehr gezielt für seine Sache nutzte.

Seine Thesen fasste er in der kurzen Schrift »Sermon von Ablass und Gnade« in 20 Punkten zusammen, die Anfang 1518 erschien. Der Stein war ins Rollen gebracht, in Rom war Luther angezeigt. Ein Bann und eine Verurteilung als Ketzer schienen nun unausweichlich.

Die »Sache Luther« wurde auch zum Thema auf dem Konvent der Reformkongregation der Augustiner in Heidelberg im April 1518. Hier konnte Luther seine Sicht der Dinge sehr ausführlich darlegen, besonders auch seine Ablehnung der scholastisch-mittelalterlichen Theologie. Seine Positionen wurden jedoch nicht verurteilt, sondern im Gegenteil: Die Disputation fand vor einer gelehrten Öffentlichkeit statt und zeitigte so ihre Wirkung. Die Humanisten im süddeutschen Raum sahen sich von diesem Mönch aus der Provinz bestätigt, viele Zuhörer wurden wenig später zu Mitstreitern und Trägern der Reformation in Süddeutschland und der Schweiz. Trotzdem schritt der Prozess in Rom voran. Luther war 1515 von seinem Orden zum Provinzialvikar von Meißen und Thüringen gewählt worden. Für Disziplinarmaßnahmen wären nun sein Orden und im Besonderen Staupitz zuständig gewesen. Dieser hätte gar nicht anders gekonnt, als Luther zu verurteilen. So war es taktisch klug, sich dieser Verurteilung zu entziehen, indem er als Provinzialvikar zurücktrat und sich ganz auf die inhaltliche Entwicklung seiner Lehre konzentrierte. Um nicht als Märtyrer zu enden, musste er nun hellwach und mit Umsicht reagieren.

Bewegungen auf der politischen Bühne Europas kamen – ohne dass die Beteiligten dieses eigentlich beabsichtigt hatten – Luther zu Hilfe. Kaiser Maximilian warb schon 1518 unter den Kurfürsten für die nächste Kaiserwahl. Sein Favorit war aus verständlichen Gründen sein Enkel Karl I., König von Spanien. Diese Machtkonzentration der Habsburger lag aber nicht im Interesse der Kurie in Rom. Sie fühlte sich innerhalb Europas eingekreist von dieser Großmacht, die im Zusammenhang mit den spanischen Eroberungen der neuen Welt auch Weltmacht werden sollte. Der spätere Kaiser Karl V. konnte von seinem Reich sagen, dass in diesem die Sonne nie untergehe. Friedrich der Weise hatte sich bei dieser Lobbyarbeit Maximilians jedoch dezent zurückgehalten und noch kein Votum zur Kaiserwahl abgegeben. So wurde der sächsische Kurfürst zu einer gefragten Größe im Machtspiel der römischen Interessen, zeitweilig wurde er selber sogar als Kandidat ins Spiel gebracht. Diese kraftvolle und starke Figur auf dem Schachbrett der europäischen Mächte wollte nun keiner wegen der Thesen eines vormals unbekannten Mönches zum Handeln zwingen. Denn auch dies hatte Friedrich bereits erkennen lassen: Im Streitfall wollte er die Rechte seines geschätzten Universitätsgelehrten schützen. Die Universität Wittenberg war sein Prestigeobjekt. Als Maximilian im Januar 1519 starb, war der sächsische Kurfürst gefragter Mann bei der Kurie in Rom. Gegen den Willen Friedrichs ließ sich nichts gegen Luther unternehmen.

Nach kirchlichem Recht musste bei Anklage wegen Ketzerei eine Vorladung des Beschuldigten zur Anhörung erfolgen. Folgerichtig bekam Luther daher eine Vorladung nach Rom. Er war sich bewusst, dass es sein Ende gewesen wäre, hätte er dieser Vorladung Folge geleistet. Friedrich griff nun ein. Er wollte den sich gerade profilierenden Professor an seiner Wittenberger Universität behalten. Schließlich gelang es Friedrich, ein Verhör auf deutschem Boden zu erreichen, im Anschluss an den in Augsburg tagenden Reichstag.

So kam es vom 12. bis 14. Oktober 1518 zwischen Kardinal Cajetan und Luther zu einem »Verhör«. Die beiden Teilnehmer hatten aber recht unterschiedliche Vorstellungen, was bei diesem Zusammentreffen passieren sollte. Luther wollte über seine Thesen diskutieren, während Cajetan gar kein Gespräch wollte. Er erwartete nur eines: den vollständigen Widerruf von Luther und die Gewähr, dass dieser seine Lehre nicht weiter verfolge und verbreite. Obwohl Luther kein großes diplomatisches Gespür besaß, schaffte er es doch, Cajetan in ein Gespräch zu verwickeln. Luther forderte vehement, seine Sache vor einem Konzil zu verhandeln. Der Kardinal geriet immer mehr in die Defensive. So endete die Zusammenkunft mit der Aufforderung an Cajetan, die Thesen Luthers zu widerlegen. Trotz dieses »Erfolges« wusste Luther, wie gefährdet sein Leben in Augsburg war. Nach der Disputation floh er umgehend aus der Stadt und kehrte nach Wittenberg zurück. Hier brachte er sofort eine Art Protokoll der Gespräche mit Cajetan zu Papier und gab es in den Druck. Jetzt nutzte Luther bewusst die Öffentlichkeit für seine Sache. Die Kurie versuchte – jedoch vergeblich –, die begonnene Veröffentlichung solch missliebiger Mitschriften unter allen Umständen zu verhindern. Daher kam es zwischen Vertretern der Kurie und dem sächsischen Hof in Altenburg zu geheimen Verhandlungen. Luther sagte schließlich zu, dass er künftig in der Sache schweigen wolle.

Wie aber sollte über eine Sache geschwiegen werden, die bereits in aller Munde war und die das brennende Interesse der Öffentlichkeit besaß? Luther drängte weiter in die Öffentlichkeit und wollte, dass über seine Themen diskutiert wurde. Daher organisierte er eine öffentliche Aussprache. An der Leipziger Universität kam es vom 27. Juni bis 15. Juli 1519 zu einer Disputation zwischen dem Theologieprofessor Johannes Eck aus Ingolstadt auf der einen Seite sowie Luther und Karlstadt auf der anderen. Luther hoffte auf einen positiven Verlauf, da Eck anfangs für seine Theologie Sympathie gezeigt hatte. Aber seit den 95 Thesen hatte dieser sich zunehmend von Luther abgewandt. Die angekündigte Veranstaltung erregte ein so großes öffentliches Interesse, dass die Räume der Universität nicht ausreichten, man wich auf die nahe gelegene Pleißenburg aus. Eskortiert von 200 Wittenberger Studenten mit Degen zog Luther dorthin. Es herrschte eine aufgeheizte Stimmung und gerade Leipzig war für ein solches Gespräch ein geschichtlich sensibler Ort, war die Universität doch aus den Streitigkeiten mit den Hussiten und dem Auszug der deutschen Professoren und Studenten nach Leipzig im Jahre 1409 gegründet worden. Diesen Umstand nutzend trieb Eck im zweiten Teil der Disputation Luther mit gezielten herausfordernden Sätzen in die Enge und provozierte bei ihm Aussagen über die Fehlbarkeit von Konzilien. Schließlich ließ sich Luther zu der Feststellung hinreißen, dass nicht alle Thesen des böhmischen Reformers Jan Hus, die auf dem Konstanzer Konzil verurteilt worden waren, ketzerisch gewesen seien. Im Gegenteil: Einige seien sogar als christlich und evangelisch anzusehen. Dies war eine Provokation. Die Disputation nahm nicht den von Luther erwarteten Verlauf. Er selbst sah bei den Gesprächen angestrengt aus, war blass und abgemagert. Das Ergebnis war ambivalent: Neue Mitstreiter fanden sich am Rande und in Folge der Gespräche, die bekanntesten waren Huldrich Zwingli aus

Zürich und Caspar Cruciger, der in den zwanziger Jahren nach Wittenberg ging. Eck fühlte sich im Recht und entwickelte sich zum ausgewiesenen und profilierten Gegner Luthers. Bei der Kurie in Rom war er es nun, der den Ketzerprozess vorantrieb.

Während Luther auf der Pleißenburg seine Thesen verteidigte, wählten die Kurfürsten in Frankfurt am Main König Karl I. von Spanien zum Kaiser, der sich nun Karl V. nannte. Das Thema der Kaiserwahl war damit beendet und die »Sache Luther« geriet wieder in das Blickfeld der Mächtigen. Die Schonfrist für Luther war somit beendet. Auf Friedrich den Weisen musste Rom keine Rücksicht mehr nehmen. Eck mit seinem Ehrgeiz nahm sich der Sache an, um eine Verurteilung zu erwirken. Gutachten über Luthers Theologie wurden eingeholt. Die beauftragten Universitäten Köln und Löwen verurteilten im Herbst 1519 erwartungsgemäß einige seiner theologischen Aussagen. Die Mühlen in Rom mahlten langsam, aber gründlich. Schließlich wurde am 15. Juni 1520 die Bannandrohungsbulle gegen Luther erlassen. Eine Frist von 60 Tagen stand ihm nun zu, um zu widerrufen, sonst drohte der Bann, der Ausschluss aus der Kirche, was in der mittelalterlichen Welt eine totale Isolation von der Gesellschaft bedeutete.

Auch Luther hatte die Zeit nicht ungenutzt verstreichen lassen. Das Jahr 1520 war für ihn eines der theologisch und publizistisch aktivsten und erfolgreichsten Jahre. Drei Hauptschriften erschienen innerhalb weniger Monate: »An den christlichen Adel deutscher Nation« (Juni), »Von der babylonischen Gefangenschaft der Kirche« (Oktober) und »Von der Freiheit eines Christenmenschen« (November). Durch die Auseinandersetzung mit seinen Gegnern war seine Theologie weiter gereift. Luther suchte die Öffentlichkeit und erfuhr in der großen öffentlichen Resonanz Unterstützung für seine Sache und für seine Positionen. So gewann er Selbstbewusstsein und fasste den Mut auszusprechen, dass der Papst das Evangelium verrate und die Kirche zugrunde richte. In diesem Zusammenhang bezeichnete er ihn regelrecht als Antichristen, das heißt als Teufel. Ein solcher Papst konnte kein Teil der Kirche sein.

> So wie jene mich um ihrer gottlosen Häresie willen exkommunizieren, so exkommuniziere ich sie wiederum um der heiligen Wahrheit Gottes willen.
> (WA 6, 612, 21f, zitiert nach: Leppin, S. 168)

Öffentlich wurde dieser Akt am 10. Dezember 1520 vor den Toren Wittenbergs vollzogen. Melanchthon hatte es per Zettel am Schwarzen Brett der Universität angekündigt.

Am Elstertor verbrannte Luther Bücher des kanonischen Rechts und die gegen ihn gerichtete Bannandrohungsbulle. Hiermit war allen klar: Einen Weg zurück gab es jetzt nicht mehr. Die Positionen waren unversöhnlich. Die Seiten drifteten auseinander. Eine einheitliche katholische Kirche konnte Luther nicht mehr erkennen und markierte mit der symbolträchtigen Handlung an diesem trüben Dezembertag den Beginn einer neuen Konfession.

Als Konsequenz wurde am 3. Januar 1521 der Kirchenbann über Luther verhängt.

> Hier kann nun ein jeder selbst merken und fühlen, wenn er Gutes und nicht Gutes tut. Denn findet er sein Herz in der Zuversicht, daß es Gott gefalle, dann ist das Werk gut, wenn es auch so gering wäre wie einen Strohhalm aufheben. Ist die Zuversicht nicht da, oder zweifelt er dran, dann ist das Werk nicht gut, selbst wenn's alle Toten aufweckte und der Mensch sich verbrennen ließe.
> (»Von den guten Werken«, WA 6, 206, 8–13, zitiert nach: *Ausgewählte Schriften*, Bd. I, S. 44)

Schon Anfang 1520 hatte Luther in seiner Schrift »Von den guten Werken« den Kern der evangelischen Ethik erkannt: Das Gottesverhältnis ist durch Vertrauen und Glauben getragen und daraus bringt der Mensch gute Werke hervor. Das Verhältnis zu Gott ist daher bestimmend für die Beziehung der Menschen untereinander. Die Gottesbeziehung ist Ausgangspunkt seiner Rechtfertigungslehre. Luther entfaltete diese Erkenntnis, die er aus der Auslegung des ersten Gebotes gewonnen hatte, an den weiteren Geboten. Hiermit legte er die Basis für seinen großen Katechismus. Es dauert über 400 Jahre, bis die Humanwissenschaften erkannten, dass die Beziehungen und Zuneigung, die ein Kind erfährt, bestimmend sind für das ganze weitere Leben. Positive kindliche Erfahrungen sind der Grundstock für gelingende und glückliche Beziehungen, gute Werke werden um ihrer selbst willen getan.

Mit den drei großen Schriften schlug Luther ein für ihn neues Thema an. Waren seine frühen Schriften von der Haltung der Demut (*humilitas*) geprägt, so ist nun sein großes Thema die Freiheit. Während die eine Schrift schon den Begriff »Freiheit« im Titel trägt, so nennt die andere das Gegenteil, die »babylonische Gefangenschaft«. Und in der Adelsschrift benutzte Luther das Bild der drei Mauern, die die »Romanisten« aufgebaut hatten. Sie sichern ihre Macht, festigen ihre Überlegenheit in gesetzlichen Regelungen und gestehen das Recht, strittige Themen auf Konzilen zu beraten, nur dem Papst zu.

Aus einer tiefen Frustration heraus über die Reformbewegungen der Kirche, besonders auf den Konzilen des 15. Jahrhunderts, schrieb Luther seine Adelsschrift. Von der Kirche erwartete er keine Reformen mehr, vielmehr sah er nun den Adel in der Pflicht. Der Adel war sein Hoffnungsträger und hier wollte er Mitstreiter finden. Die kirchlichen Privilegien sollten abgebaut werden und die vielen kirchenrechtlichen Regelungen, die den Adel und die weltlichen Gewalten gängelte, sollten abgeschafft werden. Und so wurde die Schrift auch zu der am stärksten verbreiteten Kampfansage. Tiefes Misstrauen wurde bei Luther geweckt, als er Anfang 1520 erfuhr, dass die sogenannte »Konstantinische Schenkung«, also die Übertragung auch der weltlichen Herrschaft von Kaiser Konstantin auf den Papst im 4. Jahrhundert, eine Fälschung war. Im Papsttum sah er den Antichristen am Werke, gegen den nun energisch vorzugehen sei. In einer Vielzahl von gesetzlichen Regelungen hatte sich die Kirche ihre Vorherrschaft über die weltlichen Fürsten gesichert. Forderungen der früheren Reformbewegungen und ihre Beschwerden (*gravamina*) nahm Luther auf und verschärfte sie. Er drehte die Vorherrschaft der Kirche und damit das Gesellschaftsmodell des Mittelalters nicht einfach um, indem die weltliche Obrigkeit über die geistliche setzte. Nein, er riss die Grenzen ein und begründete sie mit einem einfachen Satz theologisch:

> Denn was aus der Taufe gekrochen ist, das kann sich rühmen, daß es schon zum Priester, Bischof und Papst geweiht sei, obwohl es nicht jedem ziemt, solches Amt auszuüben. (WA 6, 408, 11f, zitiert nach: *Ausgewählte Schriften*, Bd. I, S. 156f)

Die mittelalterliche Ständeordnung war damit aus den Angeln gehoben. Das Christsein manifestierte sich nicht mehr in der Zugehörigkeit zu einem bestimmten Stand. Innerhalb der Gesellschaftsordnung sollte es kirchliche Ämter geben, die aber nur um der Ordnung und um der Ausübung des christlichen Glaubens zuliebe notwendig waren.

Die Freiheitsschrift, eine Schrift über das Wesen des Menschen im Licht der Rechtfertigung, beginnt in der ersten These gleich mit einer dialektischen Aussage über Freiheit und Dienst:

> Ein Christenmensch ist ein freier Herr über alle Dinge und niemandem untertan.
> Ein Christenmensch ist ein dienstbarer Knecht aller Dinge und jedermann untertan.
> (»Von der Freiheit eines Christenmenschen«, WA 7, 20, zitiert nach: *Ausgewählte Schriften*, Bd. I, S. 239)

Ansatzpunkt dieser These ist die Lehre vom Menschen, wie Luther sie bei Paulus gefunden hat. Freiheit ist nicht die Freiheit von etwas, sondern Freiheit befähigt zum Dienst am Mitmenschen. Was das Verhältnis zu Gott betrifft, so ist dieses ein für allemal geklärt und bleibt gut und gültig, da Christus am Kreuz für alle gestorben ist. Der Mensch ist gerechtfertigt, wenn er hieran glaubt und er braucht hierfür keine »Mittler« wie die Kirche. Es gibt keine Standesunterschiede und keine Überlegenheit des kirchlichen Standes. Der mittelalterlichen Ordnung war damit die Legitimation entzogen und das »Priestertum aller Gläubigen« damit begründet! Alle Menschen stehen – gleichwohl sie Sünder sind – unter Gottes Gnade. Es bedarf keiner kirchlichen Zeremonien, keiner guten Werke, um ein guter Mensch zu sein. Somit ist der Mensch frei und steht nicht unter dem Druck, sich seinen Wert durch das Tun guter Werke erst verdienen zu müssen. Jedoch gewinnt der Mensch aus dem geklärten und positiven Verhältnis zu Gott Kraft und Antrieb, anderen Menschen Gutes zu tun, zu schauen, was der jeweils Nächste nötig hat – und dieses mit Freude und aus freiem Antrieb. Luther versteht Freiheit also nicht im Sinne eines Individualismus moderner Prägung, sondern stellt sie immer zugleich ganz in den Dienst am Nächsten.

Mit den Reformationsschriften hatte Luther drei Gruppen im Blick: den Adel, den Klerus der katholischen Kirche und schließlich alle Christen – einen Begriff des Bürgers, wie wir ihn heute kennen, gab es damals noch nicht. Bei seiner lateinisch verfassten Schrift »Von der babylonischen Gefangenschaft der Kirche« griff er ein Bild aus dem Alten Testament auf. Ebenso wie sich das Volk Israel in Gefangenschaft befunden hatte, so hat sich nun die Kirche selbst mit ihrer Sakramentslehre in eine Gefangenschaft begeben, mit einem Klerus, der beim Abendmahl den Gläubigen den Kelch vorenthielt. Luther wandte sich gegen die Wandlungslehre im Abendmahl und gegen ein Verständnis der Messe als Opferritual. Die Siebenzahl der Sakramente, die sich im Mittelalter anhand der heiligen Zahl ausgebildet hatte, untersuchte er nach dem Kriterium der Schrift. Sakramente, die nicht in der Bibel standen, sollten nicht weiter als solche bezeichnet werden. So blieben von den ursprünglich sieben Sakramenten Taufe, Firmung, Ehe, Priesteramt, letzte Ölung, Abendmahl und Buße nur Taufe und Abendmahl übrig; sie sind im Neuen Testament bezeugt und von Jesus gestiftet (Abendmahl) bzw. bekräftigt (Taufe). Bei dem Bußsakrament schwankte Luther. Er selbst hatte die Buße und die damit zusammenhängende Demut in seinen frühen Jahren als wichtig und wirksam erlebt. Aber der Buße fehlt das öffentliche Zeichen (*signum*), wie es nach Luthers Definition beim Sakrament gegeben sein muss. Bei der Feier des Abendmahls jedoch pochte er mit Verweis auf die Einsetzungsworte Jesu auf die Darreichung in beiderlei Gestalt: Brot und Wein. Der Priester hat kein Sonderrecht; alle sind gleichermaßen an den Tisch des Herrn geladen. Luther nahm weiterhin eine Gewichtung vor: Die Verheißung der Gnade Gottes (das Wort) stand bei ihm im Vordergrund. Die Bedeutung der Sakramente wurde damit nicht herabgesetzt, jedoch relativiert und dem Wort untergeordnet.

Hatte Luther bei seinen Ablassthesen noch völlig überrascht auf die weite und schnelle Veröffentlichung reagiert, so setzte er die Verbreitung seiner Schriften nun ganz gezielt für sich und seine Sache ein. Mit der Freiheitsschrift wollte er den lesekundigen Menschen auf der Straße erreichen, so verfasste er eine deutsche Fassung, die kürzer war als die lateinische. Er wusste: Seine Sache konnte nur Erfolg haben, wenn er weite Teile der Bevölkerung erreichte, nicht nur die Gelehrten oder die Schreiber an den Höfen. Seine Schriften – gerade auch die programmatischen »Freiheits«-Schriften des Jahres 1520 – erschienen in mehreren Auflagen und waren in der Hand fast jedes lesekundigen Menschen der damaligen Zeit: ein ungemein großer publizistischer Erfolg! Ein Urheberrecht, wie wir es kennen, gab es Anfang des 16. Jahrhunderts noch nicht. Bekam ein Drucker eine Schrift in die Hände, die ihm zur weiteren Veröffentlichung interessant erschien, so erstellte er »seinen« Druck und verteilte diese Auflage weiter und machte »sein« Geschäft damit. Dieses »Schneeballsystem« führte zu sich stark vermehrenden Auflagen. Immer mehr Drucker wurden auf diesem Wege im Dienste Luthers tätig, ohne dass er in jedem Falle davon wusste oder einen Auftrag dazu erteilt hatte.

Ende des Jahres 1520 brauchte Luther die Unterstützung der Öffentlichkeit. Der kirchliche Bann war ihm angedroht worden. Doch er brachte – auch gestärkt durch das starke Medienecho – den Mut auf, dieses Schriftstück zu verbrennen. Der kirchliche Bann war die logische Folge. Wenige Tage später, im Januar 1521, wurde der Reichstag in Worms eröffnet, der erste mit dem neuen Kaiser und mit der Erwartung des Klerus, nun endlich Handlungsfähigkeit erreicht zu haben. Die »Sache Luther« sollte endgültig vom Tisch. Ein weiteres – für Luther aufregendes – Jahr hatte damit begonnen.

6. Showdown vor Kaiser und Reich

> Weil Eure geheiligte Majestät und Eure Herrschaften es verlangen, will ich eine schlichte Antwort geben, die weder Hörner noch Zähne hat: wenn ich nicht durch Zeugnis der Heiligen Schrift oder vernünftiger Gründe überwunden werde – denn weder dem Papst, noch den Konzilien allein vermag ich zu glauben, da es fest steht, daß sie wiederholt geirrt und sich selbst widersprochen haben –, so halte ich mich überwunden durch die Schrift, auf die ich mich gestützt habe, so ist mein Gewissen im Gotteswort gefangen, und darum kann und will ich nichts widerrufen, weil gegen das Gewissen zu handeln weder sicher noch lauter ist. Gott helfe mir. Amen.
> (Mitschrift eines unbekannten Autors von Luthers Rede auf dem Reichstag von Worms am 18. April 1521, zitiert nach: *Kirchen- und Theologiegeschichte in Quellen*, Bd. III, S. 60f)

Luther machte es spannend: Auch am zweiten Tage seines Auftretens vor dem jungen Kaiser und den Reichsständen antwortete er nicht kurz und knapp auf die Frage, ob er widerrufen werde, sondern er hielt eine längere Rede. Daraufhin wurde aber der Sprecher des Reichstages unwillig und ermahnte Luther, man wolle keine weiteren Ausführungen mehr hören. Luther solle nun endlich und unmissverständlich auf die Frage antworten, ob er widerrufe oder nicht. Erst jetzt – nach dieser harschen Zurechtweisung – antwortete Luther mit den bekannten Worten, die in der Überlieferung noch ausgeschmückt wurden: »Ich kann nicht anders, hier stehe ich, Gott helfe mir. Amen.« Unzählige Bilder sind von dieser Szene gemalt worden – vielfach auch versehen mit dem markanten Schlusssatz. Luther berief sich auf die Bibel und auf sein durch die Bibel gebundenes Gewissen. Er konnte nicht widerrufen. So heldenhaft oder trotzig, wie Luther dann später dargestellt wurde, ist er sicherlich nicht aufgetreten. Es ging auch um sein Leben, dessen war er sich bewusst – auch wenn ihm die Unterstützung seines Landesherren signalisiert worden war. Luther war der kleine Mönch, der nun vor dem höchsten Gremium des Reiches gehört wurde – allein diese Konstellation war schon ein Novum und eine Sensation. Luther war in seinem Gewissen gebunden, er hielt sich an die Schrift. Dieses waren die einzigen »Sicherheiten«, an die er sich in all seiner äußeren Bedrohung halten konnte. Kein heroischer Held, sondern ein in seinem Gewissen gebundener Mönch und Professor sprach hier, fest und bestimmt in seinen Worten.

Wie war es überhaupt zu dieser »Anhörung« gekommen?

Friedrich der Weise hatte es sich zur Gewohnheit gemacht, einem kirchlichen Bann nicht automatisch die Acht durch die weltlichen Behörden folgen zu lassen. Es war zwar mittelalterliches Recht und so wurde es in der Regel auch gehandhabt, dass dem Bann der Kirche die Acht des Reiches zu folgen hatte. Die Landesfürsten hatten diese Acht dann umzusetzen bzw. auszuführen. Aber Friedrich bestand auf einer Überprüfung des Bannes. Luther solle zunächst angehört werden, bevor weitere Maßnahmen ergriffen würden. Auf dem Reichstag stand eigentlich die schon seit Langem diskutierte Reichsreform auf der Agenda. Da brauchte der junge Kaiser die Unterstützung des mächtigen Kurfürsten aus Sachsen. So konnte Friedrich der Weise im Vorfeld des Reichstages die Zusicherung des Kaisers erhalten, Luther in angemessener Form vor diesem weltlichen Gremium anzuhören – zudem auf deutschem Boden. Zu Beginn des Reichstages wurde beraten, ob und wie eine solche Anhörung geschehen könne. Schließlich ging Anfang März die offizielle Vorladung an Luther raus, unterschieben vom Kaiser persönlich. Luther sollte vor dem Reichstag angehört werden, wegen »seiner bisherigen Lehren und Bücher«. Keiner wusste jedoch, was dies genau zu bedeuten hatte, denn es war ein Sonderfall in der Geschichte, dass ein von der Kirche rechtskräftig verurteilter Ketzer vor einem Reichstag gehört werden sollte. Auch Luther war unsicher, was diese Vorladung für ihn bedeutete. Mit sehr gemischten Gefühlen brach er von Wittenberg auf, begleitet von einem Reichsherold, der für seine Sicherheit zuständig war. Was nun während der zwei Wochen dauernden Reise nach Worms geschah, war ebenso neu und es war eine Frucht der Schriften Luthers aus dem Vorjahr. Zudem waren im Vorfeld des Reichstages über 100 Flugschriften erschienen, die Mehrzahl davon hatte die Sache Luthers zum Thema, obwohl sie nicht offiziell auf der Tagesordnung stand. Der Reiseweg durch Thüringen und Hessen wurde zu einem Triumphzug, Menschenmassen säumten die Straßen. Fast in jedem Ort, in dem er Station machte, wurde er bedrängt, zu reden oder zu predigen. Luther war von diesen heftigen Reaktionen und den damit verbundenen großen Erwartungen überwältigt. Die Bevölkerung wurde zu der größten Fürsprecherin seiner Sache. Den Fürsten in Worms war diese Stimmung in der Bevölkerung brühwarm berichtet worden. So kam Luther am 16. April in Worms an – ebenfalls unter großer Anteilnahme der Einwohner.

Gleich am folgenden Tag wurde er vorgeladen und ein Rechtsbeistand bewilligt. Vor dem Reichstag stellte man ihm nur zwei Fragen: Ob er die unter seinem Namen erschienenen Bücher anerkenne und ob er bereit sei zu widerrufen. Der Rechtsbeistand überraschte zunächst mit der Aufforderung, die Titel der Bücher zu nennen. Luther, der eigentlich genügend Bedenkzeit nach der Bannandrohung gehabt hatte, bat nun nochmals um Zeit. Dies sorgte für Stirnrunzeln bei allen Beteiligten, aber schließlich wurde ihm ein Tag für ein letztes Nachdenken gegeben. So stand er am 18. April wieder vor dem Reichstag, erneut konfrontiert mit der Frage des Widerrufs. Aber er antwortete nicht mit Ja oder Nein. Stattdessen hielt er eine Rede, vielleicht in der Hoffnung, ein Gespräch, eine Disputation über die Sache eröffnen zu können. Luther verwirrte seine Zuhörer, indem er die genannten Schriften einzeln behandelte. Nicht alle könnten als ketzerisch betrachtet werden, da sie nur den Glauben thematisierten, was nicht einmal seine Gegner bestritten. Sogar Selbstkritik klang an: An manchen Stellen sei er wohl etwas zu polemisch vor- und sein Temperament mit ihm durchgegangen. Aber in der Sache habe er nichts zurückzunehmen. Erst nach einer Ermahnung sprach Luther frei die dann in der Folge vielfach verbreiteten Sätze (s. o.). Die Reichsacht hätte nun unverzüglich folgen müssen, aber es gab in den Folgetagen noch einen letzten Versuch für einen Kompromiss – vergeblich. Luther verließ daraufhin schnellstmöglich die Stadt und begab sich auf den Heimweg. Als er in den ersten Maitagen die Gegend von Eisenach erreichte, hatte er wieder den »sicheren Boden« seines Landesherrn unter den Füßen. Eine vorgetäuschte »Entführung« brachte ihn auf die Wartburg. Mit diesem geschickten Vorgehen war Friedrich der Weise nicht mehr verantwortlich und die gefährdete Person Luther war erst einmal in Sicherheit. Schon Tage später erließ der Reichstag das Wormser Edikt, das die Acht über Luther aussprach. Jetzt war er vogelfrei: Jede Person, die ihn unterstützte oder ihm Zuflucht gewährte, konnte bestraft werden.

Aufregende Tage lagen hinter Luther, da war die Wartburg ein willkommener Ort der Ruhe. Wie lange er hier verbleiben sollte, war anfangs völlig unklar – gut neun Monate sollten es schließlich werden. Zur Tarnung ließ sich Luther Haare und Bart wachsen. Er war der »Junker Jörg« und bezog eine kleine Stube. Aber schon bald packte ihn wieder die Unruhe. Er konnte hier nicht ruhig sitzen und seine Tage abwarten. Ihn trieb es wieder, zur Feder zu greifen. Über Kuriere ließ er sich Bücher von Wittenberg auf die Burg bringen, ebenso blieb er brieflich mit seinen Mitstreitern in engem Kontakt. Er nahm die Arbeit wieder auf, die er vor der Reise nach Worms unterbrochen hatte, so an seinem Kommentar zum Magnifikat, dem Lobgesang der Maria in Lukas 1. Als Textgrundlage bekam er auf der Wartburg eine neue Ausgabe des Neuen Testaments, die Ausgabe des Erasmus von 1519 als griechisch-lateinische Ausgabe. Von großem Eifer getrieben machte sich Luther Weihnachten 1521 an das Übersetzungswerk. Unter großem Druck und äußerer Unruhe musste er sich zur Ruhe zwingen, um die richtigen Worte für die Übersetzung zu finden. Denn aus Wittenberg erreichten ihn beunruhigende Nachrichten, die immer wieder Unterbrechungen bedeuteten. Per Brief und mit schnell erstellten Schriften griff er in die Wittenberger Konflikte ein. Schließlich, in den ersten Märztagen 1522, war er nach einem zweitägigen Ritt wieder zurück in Wittenberg, das Neue Testament in deutscher Sprache in seinen Satteltaschen. Dieses war nicht die erste Übersetzung ins Deutsche, davor hatte es bereits fast 20 Übersetzungen anderer Autoren gegeben. Aber diese Bibelausgabe sollte prägend für die deutsche Sprache werden. Die sächsische Kanzleisprache wurde fast im ganzen deutschen Sprachraum gut verstanden, Luthers bildhafte und ausdrucksstarke Sprache tat das ihre. Aber Luther gab seine Übersetzung nicht sofort in den Druck. Mit Freunden, vor allem Melanchthon, ging er in den Folgemonaten den Text Wort für Wort durch. Erst danach gab er das Werk an die Drucker, versehen mit Vorworten. So wurde das »Septembertestament«, die Veröffentlichung des Neuen Testaments Deutsch, im September 1522 zu Luthers erfolgreichster Veröffentlichung. Mehrfach wurde es von Luther überarbeitet und wieder aufgelegt.

Die Bibellese zu Hause wurde zur gängigen religiösen Übung des christlichen Glaubens, besonders in den evangelischen Familien. Von den ersten Ausgaben der Bibelübersetzungen ging eine große Faszination aus. Familien gaben ein Vermögen für sie aus – ein halbes Monatsgehalt oder auch mehr. Kinder wurden zum Schulbesuch angehalten, um Schreiben und Lesen zu lernen, um dann den leseunkundigen Familienmitgliedern vorzulesen. Die Nachfrage nach der Heiligen Schrift war gewaltig, im 16. Jahrhundert wurden weit mehr als 100 000 deutsche Bibeln gedruckt.

Was war in Wittenberg während Luthers Abwesenheit 1521/22 geschehen? Was hatte dort Unruhen verursacht? Als Mönch und Gelehrter der Theologie hatte Luther Schriften verfasst, die die Grundfesten des mittelalterlichen Glaubens und die Fundamente der Gesellschaftsordnung hinterfragten, ja sogar auf den Kopf stellten. In der Bevölkerung fanden seine Schriften einen großen Anklang, da sie die Freiheit zum Thema hatten. Bis Ende 1521 hatte sich aber in der Glaubenspraxis der Kirche, im Gottesdienst und in den Ritualen noch nichts geändert. Mit Beginn des Jahres 1522 forderten die Gläubigen nun konkrete Reformen ein. Luther, die bisherige zentrale Figur, war in diesen Monaten nicht in Wittenberg. Seine Mitstreiter waren entweder überfordert oder sahen in Luthers Fehlen ihre Stunde gekommen. So wurden weitere

Gruppen und Personen aktiv und meldeten sich zu Wort. Teile des Kirchenvolkes sahen nun ihre Sache hier behandelt und setzten die Dinge, die Luther bisher nur in Schriften abgehandelt hatte, in logischer Konsequenz in die Tat um. Dieses geschah alles ungeplant, ungeordnet und war mit Unruhen verbunden.

Schauen wir daher genauer hin, wie die Wittenberger mit Luthers Abwesenheit ab dem Frühjahr 1521 umgingen: Die zentrale Figur Luther musste »ersetzt« werden. An der Universität war es noch recht einfach. Auf Wunsch Luthers übernahm Melanchthon viele seiner Aufgaben, führte so gut es ging seine Vorlesungen fort. Eine zentrale Stelle blieb aber zunächst leer: die Kanzel der Stadtkirche. Melanchthon durfte dort nicht predigen, er war kein geweihter Priester, zudem war er seit einem Jahr verheiratet. Aber zusammen mit seinen Studenten wagte er im kleinen verborgenen Kreis etwas Neues und brach damit eine jahrhundertealte Tradition der Kirche. Er feierte im Herbst 1521 das Abendmahl mit Brot und Weinkelch für alle. Dieses erregte noch kein Aufsehen, da es innerhalb der Mauern der Universität geschah. Völlig anders war die Reaktion aber, als Karlstadt, Professor an der theologischen Fakultät und Luthers Doktorvater, am Weihnachtstag die öffentliche Messe ohne Messgewänder feierte und ebenso das Abendmahl in beiderlei Gestalt für alle Gläubigen reichte. Hiermit war ein deutliches Signal gesetzt, das enorme Sprengkraft besaß. Tags darauf ließ Karlstadt eine weitere Bombe platzen: Er gab seine Verlobung mit einem 15-jährigen Mädchen bekannt. Im Januar 1522 heirateten die beiden. Damit waren gleich mehrere Grundpfeiler der mittelalterlichen Kirche umgestoßen worden.

Skurril wurde die Situation in Wittenberg, als aus Zwickau »drei Propheten« auftraten, ein ehemaliger Student und zwei Tuchmacher, die vorgaben, Visionen zu haben und die Zukunft vorhersagen zu können. Zudem lehnten sie die Kindertaufe ab. Ihr Auftreten sorgte kräftig für Verwirrung. Der erst 24-jährige Melanchthon hatte sich ihre Reden angehört und schrieb in seiner Verzweiflung an Friedrich den Weisen, gestand zudem ein, dass nur Luther deren Treiben recht beurteilen und wieder für Ordnung sorgen könne. Luther selbst war über die Vorgänge in Wittenberg recht gut informiert. Boten waren stets zwischen der Wartburg und Wittenberg unterwegs, brachten Briefe, Manuskripte und Bücher, ebenso vermittelten sie Stimmungen. Luther war ganz aufgebracht ob der Nachrichten, die ihn erreichten. Er konnte nicht aktiv eingreifen, das zehrte an ihm. Aber Anfang Dezember hielt es ihn nicht länger auf der sicheren Burg. Für zwei Tage war er – ganz gegen den Willen seines Landesvaters! – in Wittenberg. Die Lage schien aber ruhig zu sein und Luther kehrte erleichtert wieder an seinen sicheren Ort zurück. Um die Entwicklungen in ordentliche Bahnen zu lenken, sah sich der Rat der Stadt Wittenberg Ende Januar 1522 zum Handeln gedrängt. Eine Kirchen- und Gottesdienstordnung, die auch die Feier des Abendmahls mit Kelch für alle Gläubigen vorsah, wurde erlassen. Aber auch diese Ordnung konnte nicht – wie erhofft – für Ruhe sorgen. Wenige Tage nach ihrer Verabschiedung preschte wiederum Karlstadt vor. Er predigte gegen die Bilder, die Privat- und Nebenaltäre in den Kirchen. Die Bilder anzubeten sei Götzendienst und widerspreche den Geboten. Es kam nun zu chaotischen Zuständen in den Kirchen. Bilder wurden abgenommen und verbrannt, Altäre abgebaut und zerstört. Die Verantwortlichen der Stadt waren ratlos. Auch war völlig unklar, wie Friedrich der Weise auf diese Entwicklungen reagieren würde. Bei Unruhe und Chaos würde er sicherlich zum Eingreifen gezwungen sein – so die berechtigte Befürchtung. Luther tat schließlich das, was ihm eigentlich strengstens verboten war. Anfang März kehrte er mit einem Gewaltritt in seine Stadt zurück. Umgehend besetzte er die Stelle, die vakant war und die er nun mit der Kraft des Wortes wieder mit Leben versah: die Kanzel der Stadtkirche. Am Sonntag Invokavit erhob er dort das erste Mal die Stimme. Jeden Tag bis zum folgenden Sonntag predigte er nun eindringlich und in verständlichen Bildern. Ja, Veränderungen müsse es nun geben, aber es dürfe nicht mit Zwang geschehen und man müsse auf die Schwachen Rücksicht nehmen. Luther wusste sehr gut aus seiner eigenen Erfahrung, dass sich religiöse Praktiken und Gebräuche nicht von einen Tag auf den anderen ändern ließen. Hier musste behutsam vorgegangen werden, notwendige Änderungen mussten beständig, aber langsam erfolgen. Luther war wieder an der zentralen Stelle und predigte mit seiner gewohnten Kraft. So kam die aufgepeitschte Stimmung in der Stadt langsam wieder zur Ruhe, seine Mitstreiter und der Rat der Stadt konnten aufatmen. Luthers Grundsatz, das Wort müsse allein wirken, ohne eine Anwendung von Gewalt, hatte sich hier in anschaulicher Weise bewahrheitet und durchgesetzt.

Und Luther? Er war in der Öffentlichkeit in Gefahr, hatte seinen sicheren Ort gegen alle warnenden Sicherheitsbedenken verlassen. Briefe zeigen seine Verfassung zu der damaligen Zeit. Er fühlte sich nun als der endzeitliche Prophet, der seinen Dienst verrichten müsse, ohne Rücksicht auf seine eigene Person. Er sah das Ende der Welt nahe herbeigekommen. So ging er ohne Angst seinen Weg weiter, brachte die Sache Gottes voran, in dessen Dienst er sich ab jetzt unmittelbar gerufen sah.

7. Erste neue Ordnungen – und Spaltungen

> Item die messen soellen nit anderst gehalten werden, dann wie sy Christus am abentessen hat eingesetzt, ... Es mag auch der communicant die consecrierten Hostien in die hand nehmen, und selbs in den mund schieben, dergleichen auch den kelch, und darauß trincken.
> (aus der Kirchenordnung der Stadt Wittenberg vom 24. Januar 1522, StA Studienausgabe Martin Luther, Bd. 2, 527, 22–528, 5, zitiert nach: Leppin, S. 200)

Die Wittenberger Unruhen zeigten Defizite der bisherigen Entwicklung: Die Mitglieder der Kirchengemeinden waren nicht mitgenommen worden und zur praktischen Umsetzung des neuen Glaubens gab es noch kaum Überlegungen. Die Menschen der damaligen Zeit spürten die Aufbruchsituation. Anfang 1522 konnte noch niemand absehen, wohin sich die Dinge entwickeln und wie sich Glauben und Leben ändern würden. Eines war aber allen Beteiligten klar: Mit Bann und Reichsacht für Luther waren die Brücken zur katholischen Kirche abgebrochen. Mit der Verbrennung der Bannandrohungsbulle und seinem standhaften Votum in Worms hatte Luther diese Trennung öffentlich dokumentiert. Aber wohin der Weg nun führen sollte, in eine erneuerte oder in eine neue Kirche, in reformierte Liturgien und Strukturen, dies stand noch nicht fest. Neue Formen mussten erst noch gefunden werden.

Zurück in Wittenberg zog Luther seine Mönchskutte wieder an, rasierte sich Gesicht und Kopf und bezog wieder seine Zelle im nun fast verwaisten Augustinerkloster. Aber vieles war nicht mehr wie vorher. Das Kloster war fast unbewohnt: Vorgesehen für 30 bis 40 Mönche, lebten dort nur noch drei bis vier. Der Orden zeigte deutliche Auflösungserscheinungen. Luther selber war in einer materiell schlechten Situation. Er bekam zwar etwas Geld für seine Predigtdienste an der Stadtkirche, von der Universität bekam er jedoch nichts, da er dort als Abgeordneter seines Ordens lehrte, von dem er hätte versorgt werden müssen. Erst Jahre später besserte sich seine Situation, als der sächsische Fürst ihm ein Gehalt gewährte. Seine Kutte legte Luther erst im Oktober 1524 endgültig ab. Nun trug er den Gelehrtentalar – eine öffentliche Bekundung, dass er das Mönchtum endgültig hinter sich gelassen hatte.

Auch in der Frage der Messe kehrte man in Wittenberg zunächst wieder zu den alten Ordnungen zurück. Erst ab Herbst 1522 wurde das Abendmahl mit Brot und Wein gefeiert. Es wurde lange darüber diskutiert, ob die Gläubigen selber den Kelch in der Hand halten durften. Im Gegensatz zu den süddeutschen und schweizerischen Reformatoren hielt Luther jedoch an der Form und am Ablauf der Messe fest, die dann bald auch in deutscher Sprache gefeiert wurde. Der Charakter änderte sich jedoch: Die Wiederholung des Opfertodes Christi in der Liturgie wurde herausgenommen. Nach evangelischer Lehre war der Opfertod bereits ein für allemal geschehen. Dagegen bekam das Wort, die Predigt einen ganz zentralen Platz. Weiterhin wurde in den Gemeinden ein »gemeiner Kasten« eingerichtet. Die an zentraler Stelle gesammelten Gelder waren für die Armenfürsorge bestimmt. Das Betteln wurde verboten, ebenso die Bettelorden.

Ab 1522 traten neben Luther weitere Personen und Akteure auf den Plan, das »Konzert« der Reformatoren wurde vielstimmiger. Spannungen waren damit vorprogrammiert. Luther rutschte nun in eine ganz neue Rolle. War er anfangs mit seinen Schriften der zentrale Urheber des Aufbruchs gewesen, so hatte er nun ein Schlichter zu sein, ein Beruhiger zwischen den verschiedenen Flügeln der Reformation, wobei er aber immer auch Partei war. Zudem bekam er eine Aufgabe von offizieller Seite, die eigentlich nur Bischöfen zustand: Er wurde von Herzog Johann Friedrich zu Visitationen geschickt:

> Es sind leider der Schwärmer, Gott sei es geklagt! Allzu viel, und machen uns hie oben gar viel zu schaffen.
>
> (Brief vom 24. Juni 1524, zitiert nach: Leppin, S. 215)

Luther sollte Städte und Gemeinden besuchen, um die vielfach kritischen Entwicklungen zu überprüfen, zunächst besonders zur Mäßigung raten, aber auch zu ermutigen, Schritte der praktischen Reform in Angriff zu nehmen und umzusetzen. Wittenberg wurde dabei zu einer Art Drehscheibe verschiedener Akteure. Priester, die sich von den reformatorischen Gedanken angesprochen fühlten, kamen an die Universität und wollten mehr erfahren und studieren. Ebenso trafen sie hier Luther und man lernte sich kennen. In seinen neuen Visitationsaufgaben war dieser immer häufiger gefordert, in Gemeinden neue Prediger einzusetzen. Da war es gut, wenn er auf einen treuen Kreis von Mitarbeitern und Sympathisanten zurückgreifen konnte.

Hier lohnt nun ein erster zusammenfassender Blick auf weitere Akteure der Reformation, die im Folgenden noch genauer vorgestellt werden sollen:

- *Andreas von Karlstadt (um 1486–1541, eigentlich: Andreas Rudolf Bodenstein),* Doktorvater Luthers, der während Luthers Vakanz schnell und entschieden gehandelt und damit für Unruhe in Wittenberg gesorgt hatte.
- *Thomas Müntzer (um 1489–1525),* hatte kurz in Wittenberg studiert, sah das Ende der Zeit gekommen und damit auch die theologische Begründung durch Anwendung von Gewalt die Geschicke selbst in die Hand zu nehmen.
- *Johannes Bugenhagen (1485–1558),* nach seiner Herkunft »Doctor Pomeranus« genannt, Pfarrer an der Stadtkirche in Wittenberg, wurde zum »Vater« vieler Kirchenordnungen.
- *Georg Spalatin (1484–1545),* Vertrauter der sächsischen Fürsten in allen Fragen, die Martin Luther und die Reformation betrafen.
- *Huldrych Zwingli (1484–1531),* Pfarrer am Grossmünster von Zürich, der, angeregt von Luther, aber ebenso eigenständig die Reformation in der Schweiz vorantrieb.
- *Katharina von Bora (1499–1552),* 1523 als Nonne nach Wittenberg geflohen, heiratete 1525 Luther und war damit »Pfarrfrau«, leitete den großen Haushalt, erzog die Kinder und bewirtete zahlreiche Gäste – Ursprung und Keimzelle des evangelischen Pfarrhauses.

Andreas von Karlstadt

Andreas von Karlstadt, eigentlich *Andreas Bodenstein aus Karlstadt* stammend, wurde als Verursacher der Unruhen in Wittenberg bald nach Luthers Rückkehr seiner Ämter enthoben. Einzig seine Stelle als Professor behielt er noch für einige Zeit. Luther sorgte umgehend dafür, dass Karlstadts Schriften nicht mehr verbreitet wurden. Dies setzte er ganz praktisch um: Er entzog den Druckern in Wittenberg die Texte und gab ihnen als Ausgleich seine eigenen in Auftrag. So zog sich Karlstadt langsam aus Wittenberg zurück, wurde dann aber zum Pfarrer in Orlamünde südlich von Jena gewählt. Hier lebte er einen einfachen Lebensstil, hatte einen engen Kontakt zu seiner Gemeinde und setzte mit aller Kraft seine Anschauungen um. Er entfernte alle Bilder und führte eine neue Liturgie ein. Sowohl im Saaletal als auch in Jena entstand unter Einfluss von Karlstadt ein weiteres Zentrum der Reformation. Luther blieb dies nicht verborgen und so machte er sich im August 1524 auf den Weg zunächst nach Jena, um dort in der Stadtkirche zu predigen. Auch Karlstadt hatte sich unter die Zuhörer gemischt. Als Luther dann im »Schwarzen Bären« zu Mittag aß, kam es zu einem heftigen Wortgefecht zwischen den beiden. Einige Tage später kam Luther dann nach Orlamünde. Der Verlauf hier war für ihn ungewohnt, kein triumphaler Empfang. Stattdessen sah sich Luther einigen einfachen Handwerkern und Bauern gegenüber, die jedoch – von Karlstadt gut geschult und daher bibelfest – Luther in arge Bedrängnis brachten. Erfolglos und wutschnaubend zog Luther wieder ab. Schließlich bewirkte er beim Landesherren, dass Karlstadt – wie auch seine Mitstreiter in der Region – des Landes verwiesen wurden. Auch das Gesuch Karlstadts, wegen seiner schwangeren Frau bleiben zu dürfen, wurde abgewiesen. Rastlos zog er durch den süddeutschen Raum und Ostfriesland, bis er dann schließlich eine Professur an der Universität Basel antreten konnte, wo er 1541 an der Pest starb.

Thomas Müntzer

Ebenso wie Karlstadt gehörte *Thomas Müntzer* zum »linken Flügel« der Reformation. In den Konflikten des Bauernkrieges wurde er zu einer der zentralen Figuren und rief zur Gewalt auf. Dieses veranlasste vor allem Luther zu harten Reaktionen:

> Darum soll hier zerschmeißen, würgen und stechen heimlich oder öffentlich, wer da kann, und daran denken, daß nichts Giftigeres, Schädlicheres, Teuflischeres sein kann als ein aufrührerischer Mensch. Wie wenn man einen tollwütigen Hund totschlagen muß: Schlägst du nicht, so schlägt er dich und ein ganzes Land mit dir.
> (aus der Schrift »Wider die räuberischen und mörderischen Rotten der anderen Bauern« vom 10. Mai 1525, WA 18, 358, zitiert nach: *Ausgewählte Schriften*, Bd. IV, S. 134)

Solche scharfen Worte haben Luther im Folgenden viel Sympathie gekostet. Die Bauern ließen sich zu dem Zeitpunkt aber nicht mehr mäßigen. Ihre Situation war zu bedrückend und Müntzer hatte ihnen mit seiner Lehre die Argumente an die Hand gegeben. Müntzer sah in seiner apokalyptischen Sicht und in Auslegung von Daniel 2 die letzte Weltzeit angebrochen, in der die Bauern ihre Sache selber in die Hand nehmen sollten. Kurz war Müntzer in Wittenberg gewesen, dann 1520 als Prediger nach Zwickau gegangen – wahrscheinlich sogar auf Empfehlung von Luther – und hatte dort engen Kontakt zu den »Zwickauer Propheten«. Es kam aber zu Konflikten, so dass er die Stadt verlassen musste und ein unstetes Leben führte. 1523 erhielt er eine Stelle in Allstedt bei Eisleben, wo er eine Nonne heiratete. Hier führte er dann, ähn-

Thomas Müntzer (um 1489–1525), Kupferstich von Christoph von Sichem (1608).

lich wie Karlstadt in Orlamünde, umfassende Reformen ein, was aber zu Unruhen führte, während derer auch die Klosterkirche in Mallerbach in Flammen aufging. Einer drohenden weiteren Ausweisung kam Müntzer durch Flucht nach Mühlhausen zuvor. Hier stellte er sich an die Spitze der Bauernaufstände der Region. Nach der Niederlage der Bauernheere wurde Müntzer als deren Anführer gefoltert und vor den Toren der Stadt enthauptet.

Johannes Bugenhagen

Im Gegensatz zu Karlstadt und Müntzer war *Johannes Bugenhagen* von einem ganz anderen Naturell und verkörperte eine andere theologische Prägung. Er war der Mann der vorsichtigen Reformen, er war der Mann der neuen Kirchenordnungen. Auf Betreiben Luthers bekam er im Herbst 1523 die Stelle des Pfarrers an der Stadtkirche von Wittenberg und konnte hier zunächst im Kleinen und in enger Abstimmung mit Luther die notwendigen Reformen der Liturgie und der Kirchen- und Gemeindeordnungen vorantreiben. Zudem war Bugenhagen als Lehrer an der Universität tätig und war als enger Vertrauter Luthers auch an der Übersetzung der Bibel beteiligt. Sein Ruf als Mann der evangelischen Kirchenverfassungen verbreitete sich rasch, so dass bedeutende Städte an ihm Interesse zeigten. Er ging nach Braunschweig, Hamburg, Lübeck, Pommern und Dänemark und war hier der Verfasser der Kirchenordnungen und auch an deren praktischer Einführung beteiligt. Ebenso übersetzte er die Lutherbibel ins Niederdeutsche, die 1533 (ein Jahr vor Luther!) als Vollbibel herausgegeben wurde. Zwischendurch gab es immer wieder Zeiten in Wittenberg. Er traute Luther (eine damals mutige Handlung!) und hielt auch die Traueransprache auf ihn. Er selbst liegt in »seiner« Stadtkirche in Wittenberg begraben.

Georg Spalatin

Georg Spalatin gehörte zu einem der ersten Studenten an der neu gegründeten Universität Wittenberg. Er studierte zudem in Erfurt Jura und Theologie, wurde zum Priester geweiht und kam als Erzieher an den sächsischen Hof. Hier hatte er ein besonders enges Verhältnis zu Friedrich dem Weisen und wurde schließlich zu dessen Beichtvater und engstem Vertrauten. Spalatin stand der Sache Luthers sehr positiv gegenüber und wurde so zu einem unschätzbaren Kommunikator zwischen Luther und dem Hof, auch nach dem Tod Friedrichs des Weisen. Luther hatte großes Vertrauen zu Spalatin und bat ihn ab und an auch um Rat. Spalatin ist es zu verdanken, dass auch in kritischen Situationen die Sache der Reformation mit Umsicht vorangetrieben wurde. Bei ihm waren die Dinge immer in guten Händen.

Huldrych Zwingli

Huldrych Zwingli entwickelte mit den Reformen in und um Zürich einen ganz eigenständigen Zweig der Reformation und setzte seine Einsichten vielfach konsequenter um als Luther. Mit seiner deutschen Übersetzung der ganzen Bibel im Jahre 1529 gab er noch vor Luther eine Vollbibel heraus, die er zusammen mit seinem Freund Leo Jud auf Basis der Urtexte aus dem Hebräischen und Griechischen übersetzt hatte. Noch heute zählt die *Zürcher Bibel* zu den gängigsten Bibelausgaben im deutschsprachigen Raum. In den reformierten Kirchen ist sie in Liturgie und Gottesdienst im Gebrauch. Zwingli gehörte zu den Reformatoren, die vom Humanismus geprägt waren. 1515 hatte er Erasmus kennengelernt und stand in engem Kontakt mit den Humanisten in Süddeutschland.

Zwingli war Bauernsohn und hatte sich sein Studium in Wien und Basel erarbeitet. Danach war er als Gemeindepfarrer und Feldprediger tätig und erhielt zu Beginn des Jahres 1519 die bedeutende Pfarrstelle am Grossmünster in Zürich. Hier wurde er durch seine neue Art der Predigt bekannt. Fortlaufend predigte er im Gottesdienst über die Evangelien, beginnend mit dem Matthäusevangelium. Dann folgte ein Paukenschlag: In der Passionszeit 1522 aß Zwingli zusammen mit Freunden öffentlich Bratwürste. Dieses war eine Auflehnung gegen das Verbot, Fleisch in der Fastenzeit zu verzehren. Die Fastenregeln waren zudem nicht biblisch begründet.

Dann erschienen seine ersten reformatorischen Schriften. In drei Disputationen 1522–24 wurden seine Vorschläge zur Reform des Gottesdienstes und der Kirche vom Rat der Stadt Zürich angenommen, so auch die Abnahme der Bilder, wofür aber eine Frist von sechs Monaten eingeräumt wurde. Zwingli richtete am Grossmünster eine Schule ein und an fünf Tagen der Woche trafen sich die Pastoren und Theologen des Kantons Zürich morgens um 8 Uhr im Chorraum für eine Stunde und studierten gemeinsam die Bibel, vor allem das Alte Testament.

Das Vorgehen Zwinglis war entgegengesetzt zu dem von Luther. Während Luther zu bestimmten Missständen (z. B. dem Ablass) Stellung nahm, ging Zwingli von der

Bibel aus und entwarf so sein Modell einer bibel- und zeitgemäßen Gemeinde und Kirche. Alles, was einem solchen Modell widersprach, wurde verändert oder wurde entfernt. Aus den öffentlichen Bibelstudien im Chorraum des Grossmünsters ging auch die *Zürcher Bibel* hervor. Die Reformation verbreitete sich in der Schweiz, so dass es zu kriegerischen Auseinandersetzungen zwischen den katholischen Kantonen und besonders der Stadt Zürich kam. Zwingli befürwortete diese gewaltsamen Auseinandersetzungen, wenn keine Überzeugung mit dem Wort möglich war. Er selber zog zusammen mit anderen Pastoren in den Krieg und fiel im zweiten Kappeler Krieg im Oktober 1531. Wie stark der Hass gegenüber Zwingli war, zeigt das Gericht, das über ihn direkt nach seinem Tode gehalten wurde. Als Ketzer wurde sein Leichnam dann gevierteilt, verbrannt und seine Asche auf dem Schlachtfeld verstreut. Luther sah den Tod Zwinglis im Kampf auch als verdientes Gottesgericht, das ihn aber zugleich auch erschaudern ließ.

Katharina von Bora

Mit dem Prinzip des »Priestertums aller Gläubigen« fiel die theologische Begründung der Klöster weg und Luther empfahl daher, Klöster aufzulösen und sie zu verlassen. Während seiner Wartburgzeit hatte sein Orden ebenso votiert. Nun war die Umsetzung dieser Empfehlung gar nicht so einfach. Zum einen lebten die Mönche und Nonnen abgeschlossen hinter

Zwingli-Denkmal in Zürich von 1885.

hohen Mauern, zum anderen hatten sie außerhalb dieser Mauern keine Existenzgrundlage. Verwandte hatten sie oft gerade aus diesem Grunde im Jugendlichenalter in die Klöster geschickt, da sie bei Erbschaften nicht berücksichtigt werden konnten. Hilfe für flüchtige Mönche und Nonnen stand zudem unter Strafe.

So bekam Luther im Frühjahr 1523 den Hilferuf von zwölf Nonnen aus dem Zisterzienserinnenkloster bei Grimma zugespielt. Er schmiedete den Plan, diesen Nonnen bei der Flucht aus dem Kloster zu helfen. Hierfür konnte er den Kaufmann Koppe gewinnen, der das Kloster mit seinen Waren belieferte. Unter Planen und in Bier- und Heringsfässern gut versteckt entkamen die Nonnen auf einem Pferdewagen dem Kloster in der Osternacht. Neun von ihnen gelangten nach Wittenberg und wandten sich umgehend mit der Bitte an Luther, für ihre weitere materielle Existenz eine Lösung zu finden. Einige Nonnen konnten zu ihren Familien zurückkehren. Bei den anderen wurde Lu-

Katharina Luther, geborene von Bora, gemalt von Lucas Cranach d. Ä. (1526).

ther zu einem Heiratsvermittler, ähnlich einem Vater, der für seine Tochter die Bedingungen einer Heirat aushandelte. Erschwerend kam hinzu, dass eine Mitgift nicht gezahlt werden konnte. Für *Katharina von Bora,* die seit ihrer Jugend im Kloster war, fand sich kein aussichtsreicher Ehemann, obwohl zwei Kandidaten nach Luthers Vermittlung zunächst Interesse zeigten. So wurde *Katharina von Bora* für eine Zwischenzeit im Hause von Lucas Cranach aufgenommen und half dort im Haushalt. Dabei erlernte sie vielfältige hausfrauliche Fähigkeiten, die sie in den nächsten Jahren dringend gebrauchen sollte. Schließlich geriet Luther selbst in den Blick der jungen Nonne.

Zu Beginn des Jahres 1525 stellte sich die Frage, warum Bann und Acht an Luther nicht vollstreckt wurden, obwohl sie bereits seit 1521 verhängt worden waren. Zum einen war in diesen knapp vier Jahren aus der »Sache Luther« eine Bewegung geworden, die von der breiten Bevölkerung, aber auch von vielen Gelehrten und Priestern getragen wurde. Durch die publizistische Tätigkeit waren weitere Schriften veröffentlicht worden, die bei vielen Menschen Zustimmung fanden. In der Schweiz und im süddeutschen Raum gab es eigenständige, von Luther weitgehend unabhängige Reformbestrebungen. Reichsritter und weitere Reichsstände sahen für ihre politischen Ziele Luther als einen Garanten ihrer eigenen politischen Ziele. Zudem war Luther in der Zwischenzeit eher zu einem Beruhiger und Moderator bei Konflikten geworden. Auch in Rom wehte für eine kurze Zeit ein reformfreundlicher Wind mit Papst Hadrian VI., der ab Januar 1522 für fast zwei Jahre auf dem Stuhl Petri saß. Die Reichstage von Nürnberg 1522/24 vertagten die »Sache Luther« mit dem Hinweis auf ein durchzuführendes Konzil, das aber zunächst nicht zustande kam.

8. Das Krisenjahr 1525

Die reformatorische Bewegung gewann innerhalb nur weniger Jahre an Kraft und Dynamik, aber auch an Breite. Dies barg auch Gefahren, da nun eine Vielzahl von Akteuren mit unterschiedlichen Motiven und Zielen am Werk waren. Im Jahre 1525 traten Konfliktpunkte offen zu Tage, die Luther in starkem Maße forderten. Es gab aber auch Trennungen und Scheidungen, die eine weitere Konfessionalisierung und Differenzierung beschleunigten.

Der Tod Friedrich des Weisen

Mitten in den Wirren des Bauernkrieges starb Friedrich der Weise am 5. Mai 1525. Luther wurde zwar zu seinem Sterbebett gerufen, konnte jedoch nicht rechtzeitig kommen. So sind sich Luther und sein Förderer wohl nie persönlich begegnet. Auf dem Reichstag in Worms konnten sie sich aus der Distanz nur kurz sehen. Friedrich der Weise starb als »evangelischer Christ«. Er empfing auf seinem Sterbebett das Abendmahl mit Brot und Wein und verlangte nicht die letzte Ölung. Mit Friedrich war ein entscheidender, klug und mit Umsicht agierender Förderer Luthers und der Reformation gestorben. In der von ihm gebauten Schlosskirche zu Wittenberg wurde er dann beigesetzt, Luther hielt ihm zwei Trauerpredigten. Dieser Tod mitten in den Unruhen der Bauernkriege verunsicherte Luther tief. Er hatte sogar Sorge um die Existenz der Universität und wandte sich deshalb an den neuen Landesfürsten, Johann den Beständigen. Luther wusste, wie sehr besonders Friedrich den Ausbau der neuen Residenz in Wittenberg vorangetrieben und damit auch die Gründung und den Ausbau »seiner« Universität gefordert hatte. Nun bestand Anlass zu der Befürchtung, dass sich sein Nachfolger wieder auf die Hauptresidenz der Kursachsen in Torgau mit dem dortigen Schloss Hartenfels konzentrieren könne. Die Bedenken Luthers waren jedoch nicht begründet. Johann der Beständige, der bisher mit seinem Bruder Friedrich zusammen regiert hatte, förderte weiterhin die Reformation und beließ in Wittenberg und an der Universität alles beim Alten. Einzig sein Regierungsstil war ein anderer. Friedrich war ein eher zögerlich und verhalten regierender Fürst. Sein Bruder dagegen hatte eine zupackende Art und war entscheidungsfreudiger. Dies zeigte sich in der Frage der Bauernunruhen. Während Friedrich noch Sympathien für die Forderungen der Bauern gehegt hatte, schritt Johann umgehend und energisch gegen die aufrührerischen Bauernheere ein und entschied den blutigen Konflikt für die fürstlichen Truppen.

Der Bauernkrieg

> Erstens ist unsere demütige Bitte und Begehren, […] daß eine ganze Gemeinde ihren Pfarrer selbst erwählt und prüft. […] Derselbe erwählte Pfarrer soll uns das heilige Evangelium lauter und klar predigen ohne jeden menschlichen Zusatz, Lehre und Gebot. Denn die stete Verkündigung des wahren Glaubens veranlasst uns dazu, Gott um seine Gnade zu bitten, uns denselben wahren Glauben einzuprägen und in uns zu festigen.
> (Teil des ersten Artikels der zwölf Artikel der Bauernschaft, zitiert nach: *Kirchen- und Theologiegeschichte in Quellen*, Bd. III, S. 128)

In einer Vielzahl seiner Schriften betonte Luther den Aspekt der Freiheit. Es war daher folgerichtig, dass die Bauern diese Stimmungen und Strömungen dankbar aufnahmen. Bis 1525 sahen sie Luther auf ihrer Seite und als einen Gewährsmann für ihre Interessen. Er wurde sogar als Schiedsrichter von ihnen benannt. Es war ihr ehrliches Gefühl und Anliegen, dass sie die Glaubensthemen an erster Stelle ihres aus zwölf Artikeln bestehenden Forderungskatalogs stellten. Erst in den folgenden Artikeln ging es um Minderung der Abgaben, die Freiheit von der Leibeigenschaft und die Abschaffung der als ungerecht empfundenen Dienste und Steuern.

Aber wenn man die Äußerungen Luthers genauer betrachtet, erkennt man deutlich, dass er seine Hoffnung auf Verbesserung – zumindest der kirchlichen Situation – auf den Adel gesetzt hatte. Nicht ohne Grund hatte er eine Hauptschrift explizit an den Adel gerichtet. Die Bauernschaft und die Handwerker, der »gemeine Mann«, wie Luther sie nannte, waren in seinen Augen nicht die Träger der Reformation. So warf er ihnen auch in einer Antwortschrift auf die zwölf Artikel vor, das Christentum für ihre eigenen Zwecke zu missbrauchen. Es wurde deutlich, dass sich Luther – selbst aus einer Bauernfamilie stammend – weit von der sozialen Wirklichkeit der Bauern auf dem Lande entfernt hatte. Luther rief die Bauern dazu auf, gewaltfrei für ihre Sache zu kämpfen. Sie sollten dem Wort Gottes Raum geben, das sich dann von selbst durchsetzen sollte. Luther setzte auf Vermittlung und Verhandlung, wie sie anfangs teilweise noch möglich schien. Er aber wusste bei Abfassung seiner Antwort noch nicht, dass

Plünderungen in Süddeutschland bereits im Gange waren. Die Bauern hatten sich bereits erhoben und waren nicht mehr unter Kontrolle.

Aus Luthers Sicht war Aufruhr gegen die Obrigkeit nicht zu rechtfertigen, da diese von Gott eingesetzt ist und das Gewaltmonopol hat. Selbstjustiz war daher nicht erlaubt. Nachdem Luther von den Plünderungen und Gewaltexzessen erfahren hatte, riet er der Obrigkeit, hart durchzugreifen und ihres Amtes zu walten, zu »hauen und zu stechen«. In dieser Situation stand Thomas Müntzer mit seinen apokalyptischen Predigten und Aufrufen auf der Seite der Bauern. Er marschierte mit ihnen und machte ihnen Mut, indem er ihnen verkündete, dass die Bauernhaufen nun berufen seien, ihre Sache selbst in die Hand zu nehmen und so das Reich Gottes mit Gewalt herbeizuführen. Diesem widersprach Luther vehement. Auch aus dieser theologischen Argumentation ist die Härte, Kälte und Gefühllosigkeit seiner Worte gegen die Bauern zu verstehen. In seinen Schriften findet sich kein Wort über die sozialen Notlagen dieses Berufsstandes.

Als am 15. Mai 1525 die Schlacht in Frankenhausen schon entschieden war, mordeten und metzelten die Truppen der Obrigkeit noch weiter in ihrer Wut, wie in einem Blutrausch. Müntzer wurde gefangen genommen, verhört und abgeurteilt und zwei Wochen später hingerichtet. Vor diesem Hintergrund wirkten die harten Äußerungen Luthers wie eine Rechtfertigung für die durch die Truppen der fürstlichen Koalition angerichteten Massaker, was viel Bitterkeit auslöste. Für viele Menschen war nun entschieden: Luther steht auf der Seite der Obrigkeit, er ist ohne Gefühl und Gespür für die Sache des »kleinen Mannes«. Viele Sympathien verlor Luther im Bauernkrieg mit seinen Schriften und Briefen. Es wurde nun einsam um ihn; er war nicht mehr der Volkstribun, der Begeisterungsstürme auslösen konnte. Viele Freunde wendeten sich angewidert von ihm ab, schon kurze Zeit nach dem Ende des Bauernkrieges zeugten Briefe davon, wie sich Gönner und Sympathisanten von ihm distanzierten:

> [...] so ist es doch vielen euren günstigen seltsam, das von euch das würgen ohn Barmherzigkeit den Tyrannen und daß sie daraus Märtyrer werden können, zugelassen, und wird öffentlich zu Leipzigk gesagt, [...]
> (Brief von Johann Rühel, Rat in Mansfeld, vom 26. Mai 1525, zitiert nach: Leppin, S. 235)

Die Heirat mit Katharina von Bora

> Meiner freundlichen, lieben Hausfrau, Katharina Luthers von Bora, Predigerin, Brauerin, Gärtnerin und was sie sein kann ... – ... meiner gnädigen Frau zu Händen und Füßen. (Briefanfänge von Luther an seine Frau vom 28. Juli 1545 und 7. Februar 1546; WA Br 11, 148, Nr. 4139, 286, Nr. 4201, zitiert nach: *Ausgewählte Schriften*, Bd. VI, S. 262 und 270)

Man kann es vermuten und sich bildhaft vorstellen, Melanchthon soll es zudem auch schriftlich bestätigt haben: Der viel beschäftigte und kreativ-chaotische Luther lebte in dem ansonsten fast verwaisten Kloster in seiner Kammer in Chaos und Unordnung. Die klösterliche Ordnung und Organisation, der geregelte Tagesablauf und die gewohnten gemeinsamen Mahlzeiten mit den anderen Mönchen – dieses alles fehlte nach der Rückkehr von der Wartburg. Ein guter Theologe ist nicht automatisch ein gut wirtschaftender und organisierter Hausmann! Und in unmittelbarer Nachbarschaft wirkte im Haushalt von Lucas Cranach eine energische Frau, die sich ihren Mund nicht verbieten ließ. Aus praktischen Erwägungen hätte Luther einer Verbindung mit Katharina von Bora schnell positive Aspekte abgewinnen können. Aber da waren viele Vorbehalte. Aus dem Beichtstuhl wusste er, wie schwer sich viele Ehepartner miteinander taten. Da waren sein Alter und seine vielen Beschäftigungen. Sollte er sich unter diesen Bedingungen noch auf einen neuen Menschen, auf eine Frau einlassen? Es war ein kirchenpolitisches Signal: der Mönch, der erst vor wenigen Monaten seine Kutte abgelegt hatte, nun in einer Ehe – zudem noch mit einer ehemaligen Nonne. Vor nicht allzu langer Zeit hatte Luther noch Karlstadt seinen Funktionen enthoben, als der den Tabubruch begangen und sich eine Frau genommen hatte. Luther beteuerte noch Ende 1524, dass er ganz sicher nicht heiraten werde. Aber 1525 sickerten schon Gerüchte durch, dass er sich nun doch trauen lassen wolle. Der Zeitpunkt für diesen Schritt, zudem begleitet von Gerüchten, war denkbar ungünstig. Es waren die Wochen des Bauernkrieges, wo ganze Landstriche verwüstet wurden und mehrere 10 000 Bauern ihr Leben verloren, als sich Luther auf Freiersfüßen bewegte. Vielen seiner Freunde war dies peinlich und sie rückten von ihm ab. So war Luther recht allein, als er sich am 13. Juni 1525 vom Mann der Kirchenordnungen, von Bugenhagen, trauen ließ – ein damals widerrechtlicher Akt. Und wie es damals üblich war, wurde die Ehe in der folgenden Nacht vollzogen, unter Zeugenschaft weniger Vertrauter.

Zunächst war es keine Liebesheirat. In der Einladung zur Hochzeitsfeier Ende Juni hatte Luther ganz nüchtern mitgeteilt, dass er seine Frau nicht liebe, aber doch schätze. In den folgenden Monaten Jahren sollte hieraus dann eine innige und von Liebe getragene Beziehung werden. Seine vielen Briefe an sie zeugen von diesen tiefen Gefühlen. Ein ganz anderes Leben begann nun; er war nicht mehr allein. Wenn er morgens in seinem Bett aufwachte, fand er zwei Zöpfe neben sich. Die geschlechtliche Liebe pries er als Gotteskraft und Vitalität, als Gottes Geschenk im Werk der Schöpfung. Die Sexualität gehört zu den Grundbedürfnissen des Menschen wie Essen und Trinken. So hatte auch Luther Spalatin anlässlich dessen Hochzeit Ende 1525, an der er nicht teilnehmen konnte, empfohlen, nach Empfang seines Glückwunschbriefes mit seiner angetrauten Braut zu schlafen – Luther wolle es ebenso in dieser Nacht tun. So seien sie dann in geschlechtlichen Freuden miteinander vereint.

Bald wurde Katharina schwanger und für das Paar begann eine bange Zeit. Was waren doch im Mittelalter in großer Anzahl Furcht erregende Geschichten in Umlauf gebracht worden: von Nonnen, die verunstaltete Wesen zur Welt gebracht hatten, oder von Mönchen, die Frauen geschwängert hatten. Und nun: Ehemalige Nonne und ehemaliger Mönch, was sollte daraus nur hervorgehen? Die Erleichterung war groß, als der erste Sohn gesund geboren wurde. Wie anders wären das Leben Luthers und vielleicht auch die Reformation verlaufen, wenn es sich um ein behindertes Kind gehandelt hätte, eine Früh- oder Todgeburt. Mit Stolz konnte der Vater nun berichten: ein großer Esser und Trinker! Noch am Abend der Geburt wurde der Säugling zu Bugenhagen gebracht und getauft. Ihm wurde der Name Johannes gegeben, der Name des Evangelisten, dem sich Luther am nächsten fühlte. In Briefen fanden sich nun kurze Berichte von der Entwicklung der Kinder, sechs wurden es insgesamt. Luther berichtete von den Wehen seiner Frau, dem ersten Zahn, von Kinderkrankheiten oder wie sein Sohn sein Geschäft in der Ecke der Stube verrichtete. Dieses waren jetzt die Themen, die ihn neben seiner Theologie bewegten.

Für Luther sollte sich der Schritt zur Ehe auch wirtschaftlich lohnen. Der Kurfürst bewilligte auf Drängen von Freunden Luther nun ein Professorengehalt aus der Staatskasse. Aus seinen Buchveröffentlichungen hatte Luther nie einen Pfennig verdient. Der Familie Luther, zu der auch eine Tante und zwei Nichten von Katharina gehörten, wurde 1525 das Wohnrecht in dem ehemaligen Augustinerkloster zuerkannt, später wurde es ihr Eigentum. Bei der Vielzahl von Gästen und Kostgängern reichte das Geld aber vorn und hinten nicht. Da war es dringend notwendig, dass

Katharina gut wirtschaften konnte. Mit ihrer Hauswirtschaft, mit der Aufzucht von Schweinen, dem Bierbrauen und der Verwaltung einer kleinen Länderei steuerte sie zu einem nicht geringen Teil zum Familieneinkommen bei. So konnte Luther über seine Frau voller Zufriedenheit und Stolz sagen:

> Sie ist willfährig und mir in allem gehorsam und sie ist angenehmer als ich zu hoffen gewagt habe (Gott sei Dank), so dass ich meine Armut nicht mit den Reichtümern des Krösus tauschen wollte.
> (WA Br 4, 109, 9–12, zitiert nach: Leppin, S. 246)

Der Streit um das Mahl des Herrn

Es gehört zur Tragik der Reformation, dass zwei ausgewiesene Exegeten und Übersetzer der Bibel, die sich in dieser Aufgabe zudem gegenseitig sehr schätzten, bei den Einsetzungsworten Jesu zum Abendmahl zu unterschiedlichen Ergebnissen kamen. Bereits im Jahre 1524 begann mit einem Brief Zwinglis die literarische Auseinandersetzung über das Verständnis des Abendmahls, die dann ab dem Jahre 1525 zu weiteren Schriften führte. Es zeigten sich unterschiedliche Auffassungen zum Gottesdienst und zum Handeln Gottes. Somit waren theologische Basisthemen berührt, die diese Auseinandersetzung so heftig machten und zu keiner Einigung führten. Auf Seiten Luthers waren die Differenzen letztlich so gravierend, dass er das »Tischtuch zu den Schweizern als durchschnitten« sah und sich in der Folge zwei getrennte Konfessionen und Kirchen bildeten: die lutherische und die reformierte – eine Trennung, die bis heute anhält.

Zunächst gab es viele Gemeinsamkeiten zwischen den Wittenbergern und den Zürichern: Beide Gruppen lehnten die Lehre der katholischen Kirche ab, wonach bei der Feier des Abendmahls eine Wandlung von Brot und Wein in Leib und Blut Christi stattfinde, da sie in der Schrift begründet sahen, dass das Abendmahl mit Brot und Wein für alle Gläubigen zu feiern sei. Sowohl in Zürich als auch in Wittenberg wurde bereits 1525 das Abendmahl in dieser Form zelebriert. Die Gläubigen durften bei der Austeilung die Hostie und auch den Kelch selbst in die Hand nehmen. Die Irritationen und Wirren der Anfangszeit waren vorüber, Zürich hatte zudem eine feste und gelebte Gottesdienstordnung in allen Punkten des Gottesdienstes. Trotzdem brach zwischen den beiden führenden Köpfen ein heftiger Streit aus. Diverse Briefe und Schriften gingen zunächst zwischen Zürich und Wittenberg hin und her.

An der Frage des »*est*« (lat. für »ist«) in dem Jesuswort zum Brot, »dieses ist mein Leib« (1 Kor 11,24), entzündete sich der Streit. Luther übersetzte und deutete es zunächst streng nach der Wortbedeutung mit »ist« und sah Christus im Mahl anwesend. Dagegen rückte Zwingli von der Präsenz Jesu im Abendmahl ab. Er deutete das Wort im Sinne von »*significat*« (lat. für »bedeutet«). Damit bekam das Abendmahl den Charakter eines Erinnerungsmahls an Jesu letztes Abendmahl. Die Teilnehmenden konnten dieses nur im Glauben annehmen. Dieser Vorstellung widersprach Luther. Er sah den Glauben als Geschenk und nicht als eine Leistung oder als eine Vorbedingung, um das Abendmahlsgeschehen recht zu erfassen. Im Abendmahl sah er Gott und Christus wirksam, der schon vor unserem Glauben im Mahl präsent ist. Das Abendmahl ist ein Handeln Gottes an uns. Zwingli sah die Sache von der anderen Seite: Das Abendmahl ist eine Aktivität der Gemeinde, die damit an das Mahl Jesu vor seiner Hinrichtung erinnert.

Eine eigenständige und vielleicht vermittelnde Position vertrat Karlstadt. Er bezog »dieses« nicht auf den Brotlaib, sondern auf Jesu Leib. Somit könne beim Abendmahl nicht von einer Präsenz Christi gesprochen werden. Er warf Luther daher in dieser Frage eine »neue Papisterei« vor. Karlstadt war jedoch durch die Entwicklungen in Wittenberg und Orlamünde unglaubwürdig geworden und wurde daher nicht gehört.

Der Konflikt schwelte über mehrere Jahre und schwächte das evangelische Lager der Fürsten auf den Reichstagen. Schließlich ergriff Landgraf Philipp I. von Hessen die Initiative. Er wollte ein klärendes Gespräch zwischen den Parteien, um eine Einigung zu erzielen. Bei Zwingli erhielt er recht bald ein Einverständnis, lediglich Luther zögerte, willigte aber schließlich ein. Vom 27. September bis 4. Oktober 1529 fand das Gespräch in Marburg statt. Neben Luther und Zwingli waren die führenden Köpfe der Reformation anwesend, Philipp wohnte den Gesprächen ebenso bei. Luther trat in einer etwas polternden und bestimmenden Art auf. Um seine Position deutlich zu machen, griff er zu einer anschaulichen Form und schrieb mit Kreide auf den Tisch »*hoc est corpus meum*« (lat. für »dieses ist mein Leib«). Letztlich war besonders er dann nicht kompromissbereit. Zwingli notierte dazu:

> Wie er [Luther] diese und ungezählte andere widersprüchliche, widersinnige und törichte Sätze so daherblökte, unermüdlich wie ein Geplätscher am Strand, so wurde er doch von uns widerlegt, so dass sogar der Fürst selbst uns beistimmte, [...]
> (zitiert nach: Leppin, S. 292)

Diese Sicht Zwinglis schien auch Philipp teilweise geteilt zu haben. Er bemühte sich jedenfalls darum, Zwingli nach Hessen zu holen, was jedoch nicht gelang, genauso wenig wie die entscheidende Einigung in der Abendmahlsfrage herbeizuführen. Es wurden zum Abschluss des Marburger Religionsgesprächs die 15 Marburger Artikel verfasst: in 14 Punkte Einigkeit, aber im 15., der Frage des Abendmahls, blieben die Differenzen bestehen.

Zwingli sah die Unterschiede als nicht so schwerwiegend an, dass sie zu einer Trennung in zwei Konfessionen führen müssten. Ganz anders wiederum Luther: Für ihn waren es grundlegende Differenzen. Das »gemeinsame Tischtuch mit den Schweizern« war durchschnitten. Erst 1973 in der Leuenberger Konkordie wurden verbindende Formulierungen zwischen den Konfessionen gefunden. Die reformatorischen Kirchen Europas erklärten hier ihr grundsätzlich gemeinsames Verständnis von Taufe, Abendmahl und Evangelium.

Der Streit mit Erasmus über den freien/unfreien Willen

> Ich aber habe in diesem Buch nicht Ansichten ausgetauscht, sondern ich habe feste Behauptungen aufgestellt und stelle feste Behauptungen auf. Ich will auch keinem das Urteil überlassen, sondern rate allen, daß sie Gehorsam leisten. Der Herr aber, um dessen Sache es geht, erleuchte Dich und mache Dich zu einem Gefäß zu (seiner) Ehre und Herrlichkeit. Amen.
>
> (Schlussworte von Luthers Schrift »Vom unfreien Willen« [*De servo arbitrio*], WA 18, 787, zitiert nach: *Luther Deutsch*, Bd. 3, EVA Berlin 1957, S. 253)

Erasmus von Rotterdam (1466/69–1536) wuchs in den Niederlanden auf, besuchte die Lateinschule und ging für kurze Zeit ins Kloster. Danach studierte er an der Sorbonne in Paris, lebte oder lehrte in England, Frankreich, den Niederlanden und Italien. Ab 1514 wirkte er mit kurzer Unterbrechung bis zu seinem Tod in Basel. Erasmus war als Humanist einer der führenden geistigen Köpfe seiner Zeit und ein scharfer Kritiker kirchlicher Strukturen und Lehrmeinungen, blieb aber trotzdem bis zuletzt Katholik. Auf dem Sterbebett verweigerte er priesterlichen Beistand, starb in der protestantischen Stadt und liegt trotz seiner katholischen Konfession im evangelischen Münster zu Basel begraben. In Basel hatte Erasmus enge Verbindungen zu seinem Drucker Johann Froben, der seine Werke herausgab. Für die Reformation waren seine Ausga-

Darstellung des Marburger Religionsgesprächs an der Zwinglitür (1939) des Grossmünsters in Zürich: Luther und Melanchthon links, Zwingli und Oecolampad rechts, Philipp von Hessen in der Mitte.

ben des Neuen Testaments (fünf Ausgaben, in den Jahren von 1516 bis 1535 erschienen) in Griechisch bedeutend und grundlegend. Sie wurden sowohl von Zwingli als auch von Luther für ihre jeweiligen Bibelübersetzungen benutzt.

Bereits recht früh hatte Luther Kontakt zu Erasmus, obwohl das Verhältnis nie spannungsfrei war. Die beiden begegneten sich nie persönlich. Vielfach lief die Korrespondenz über Dritte oder über vermittelnde Personen, die ein Interesse daran hatten, dass der angesehene Humanist und der prominente Kritiker aus den kirchlichen Reihen einheitliche Positionen vertraten. Bereits 1516 äußerte Luther Kritik: Bei Paulus reduziere Erasmus die Bedeutung des Gesetzes nur auf die Zeremonialgesetze. Ebenso warf er dem Humanisten vor, in der Deutung der Erbsündenlehre nicht weit genug zu gehen. Überhaupt fehlte Luther bei Erasmus theologischer Tiefgang, dieser bleibe mit seinen Schriften hinter Augustin zurück. Luther äußerte diese Kritik aber nicht direkt, sondern bat Spalatin, seine Ansichten gegenüber Erasmus zu vertreten. In späteren Jahren stellte der Baseler Gelehrte Fabricius Capito brieflich die Verbindung her. Er war Vertrauter von Erasmus, hatte bereits 1518 die lateinischen Schriften Luthers anonym herausgegeben und Luthers Ideen in der Schweiz und in Süddeutschland bekannt gemacht, ohne dass Luther davon wusste. Im Gegenzug übte Erasmus Einfluss auf seinen Drucker aus, keine weiteren Schriften von Luther mehr zu veröffentlichen. In ihren Schriften gingen die Meinungen auseinander. Luther bemerkte dieses immer deutlicher. So schrieb er Erasmus im Frühjahr 1524 einen Brief mit der Bitte, wenn dieser sich schon nicht der Reformation anschließe, solle er sich doch neutral verhalten, um der jungen kirchenkritischen Bewegung nicht zu schaden.

Jedoch hatte Erasmus seine Schrift »Vom freien Willen« (*De libero arbitrio*) zum großen Teil fertig gestellt, die er im Sommer 1524 zum Druck gab. Es war eine Streitschrift, die einem Kernthema der Lehre vom Menschen von Luther widersprach, der Frage, inwieweit der Mensch zur Erlangung seines Heils einen freien Willen habe. In der Tradition des Humanismus sah Erasmus den Menschen mit einem freien Willen versehen; der Mensch könne sich in freier Entscheidung den Dingen zuwenden, die seinem Heil dienen, oder sich abwenden. In der Einleitung legte er dar, dass man mit der historisch-kritischen Bibelauslegung erkenne, dass die Bibel auch dunkle Stellen aufweise und sogar Teile beinhalte, die sich widersprächen.

Fast eineinhalb Jahre ließ Luther verstreichen, bis er auf diesen Angriff antworten konnte. Das für ihn turbulente Jahr 1525 lag dazwischen, so dass er erst zum Ende dieses Jahres zu einer Antwort in der Lage war. Er hatte keine rechte Lust darüber zu disputieren, so dass ihn schon Freunde drängen mussten. Zunächst bestand Luther auf der Klarheit und Eindeutigkeit der Schrift. Sollten sich dort noch dunkle Stellen finden lassen, so liege dieses nicht an der Schrift, sondern an dem unzureichenden Verstand und dem mangelnden Bemühen des Auslegenden. Ganz auf der Linie seiner Rechtfertigungslehre bestand Luther darauf, dass der Mensch voll und ganz der Gnade Gottes bedürftig sei,

> daß sein Heil ganz und gar außerhalb seiner Kräfte, Absichten, Bemühungen, seines Willens und seiner Werke gänzlich von dem Ermessen [*arbitrio*], Plan, Willen und Werk eines anderen, nämlich Gottes allein, abhängt.
> (zitiert nach: *Kirchen- u. Theologiegeschichte in Quellen*, Bd. III, S. 119)

Der Mensch bleibt Sünder und kann sich keinerlei Gnade selbst erwerben, so auch nicht mit seinem Willen und seiner Tat. Der Grundsatz »*sola gratia*« (allein die Gnade) wurde an dieser zentralen Frage deutlich. Der Mensch ist und bleibt »*simul justus et peccator*«, sowohl Gerechter als auch Sünder, und das beides voll und ganz, ohne Mittelwege und Kompromisse.

Am Schluss standen die schroffen Sätze, in denen Luther keinen weiteren Widerspruch und keine Diskussion über diese Frage mehr duldete. Der Gesprächsfaden mit Erasmus war damit endgültig durchtrennt. Luther fehlte die Kraft – und vielleicht auch das Selbstbewusstsein – zu einem wissenschaftlichen Diskurs. Da zeigte sich Luther als Prophet, der seine Mission durchführte und seine Lehre unverbrüchlich verkündete, der Polterer, der nicht diskutierte, sondern bestimmte und festlegte. In den Augen vieler, besonders aus dem Kreis der Humanisten und süddeutschen Reformer, hatte Luther mit der Schrift seine Ansichten ungeschminkt gezeigt. Diese Ansichten waren unvereinbar mit einem Humanismus und dessen Bild vom Menschen, der auch frei und verantwortlich Entscheidungen treffen kann. Aus dem Kreis der Humanisten blieb einzig Melanchthon an der Seite Luthers. Das Beispiel von Huldrych Zwingli zeigt jedoch, dass man auch bei unterschiedlichen Positionen in dieser Frage die Auseinandersetzung suchen konnte und der Gesprächsfaden nicht abreißen musste. In seiner Schrift »Kommentar über die wahre und falsche Religion« ging er mit Erasmus und seiner Lehre vom freien Willen hart ins Gericht – beide, Erasmus und Zwingli, aber blieben weiterhin im Gespräch.

Das Jahr 1525 endete für Luther verheerend. Er hatte seinen Zenit endgültig überschritten. In den Jahren von 1520 bis 1525 hatte er die Diskussion und die Themen bestimmt. Die Menschen warteten auf seine Veröffentlichungen, er war der gefeierte Held gewesen, dem die Öffentlichkeit zujubelte. 1525 dann hatte er viel Vertrauen und Ansehen verspielt, beim »gemeinen Mann« löste er nach seinen Bauernkriegsschriften keine Begeisterung mehr aus, konnte keine Hoffnungen mehr wecken. Intellektuell waren seine Grenzen aufgezeigt in der Auseinandersetzung mit Erasmus und dem Humanismus. Diese Strömung konnte er nicht in die reformatorische Bewegung integrieren. Nach 1525 fand sich Luther in der zweiten Reihe wieder, war zunehmend nur noch gefragt als Berater oder Gutachter. Er war nun nicht mehr der Impulsgeber.

Zum Jahresende wurde es um Luther einsamer. Er zog sich in sein privates Glück zurück. Katharina war erneut schwanger. Seine Familie wurde zunehmend zum Lebensmittelpunkt, ebenso seine trauten Runden an seinem gastlichen Tisch und die Arbeit an der Übersetzung der ganzen Bibel, die er nun mit seinen in Wittenberg verbliebenen Freunden Schritt für Schritt vorantrieb.

9. Die Reformation der Fürsten und die Reformation der Städte

[...] für sich also zu leben, zu regieren und zu halten, wie ein jeder solches gegen Gott, und käyserl. Majestät hoffet und vertraut zu verantworten.
(Reichstagsabschied vom ersten Reichstag in Speyer 1526, zitiert nach: Leppin, S. 266)

Ich hab Magister Philippsen Apologia überlesen, die gefällt mir sehr wohl, und weiß nichts daran zu bessern noch zu ändern; würde sich auch nicht schicken, denn ich so sanft und leise nicht treten kann.
(Stellungnahme Luthers zum Entwurf der *Confessio Augustana* von Melanchthon im Brief an Kurfürst Johann, 15. Mai 1530, WA Br 5, 319f, Nr. 1568, zitiert nach: *Ausgewählte Schriften*, Bd. VI, S. 115)

Gesellschaftliche Umwälzungen, ob sie als Revolution oder als Reformation geschehen, werden vielfach in der frühen Phase von charismatischen Führern ausgelöst oder angeführt. Wenn es aber darum geht, das einmal Erreichte zu sichern, müssen Machtstrukturen geschaffen werden; politische Machthaber sind dann gefordert. So auch bei der Reformation vor 500 Jahren. Im Norden Deutschlands waren es vornehmlich die Landesfürsten, die das Machtvakuum an der Spitze der sich bildenden neuen Kirche füllten. In Süddeutschland und der Schweiz waren es die Stadtverordneten und das städtische Bürgertum, die in ihren Gemeinwesen neue kirchliche Ordnungen erließen und durchsetzten.

Auf oberster Ebene des Reiches wurde wegen fehlender politischer Durchsetzungskraft auf dem Reichstag in Speyer im Jahre 1526 ein salomonischer Reichstagsabschied beschlossen, der Spielraum für Interpretationen ließ. Jede Partei deutete ihn nun für sich. Die evangelische Seite sah den Abschied als Erlaubnis, die kirchliche und gesellschaftliche Bewegung in feste Ordnungen zu gießen. Die Kirchen waren nach den neuen Glaubensgrundsätzen zu gestalten, staatliche Gemeinwesen zu ordnen. Was die Mitglieder anging, so waren sie – abgesehen von den Juden – deckungsgleich.

Mit Landgraf Philipp I. von Hessen trat ein politischer Akteur auf den Plan, der der reformatorischen Front weitere Schlagkraft gab. Neben Sachsen trat mit Hessen ein Flächenstaat offen auf die Seite der Reformation. Philipp war ein äußerst aktiver politischer Kopf, so dass Luther ihn als Heißsporn ansah und schon Vorbehalte äußerte, man solle Gottes Wort doch mehr Raum und Zeit zur Wirkung lassen. Philipp jedoch sah die Zeichen der Zeit zum Handeln gekommen und er war bemüht, weitere Bündnispartner für die evangelische Sache zu finden. Gegenüber den Altgläubigen, gegenüber Kaiser und Papst, sollten alle Partner geeint und mit großer Schlagkraft auftreten. Daher war er innerhalb des evangelischen Bündnisses immer um Ausgleich bedacht. Sich herausbildende Unterschiede des Bekenntnisses sollten in Gesprächen überwunden werden. Die Evangelischen in der Schweiz, in Oberdeutschland sowie in Hessen und Sachsen sollten einmütig ihre Forderungen durchsetzen. Innerhalb Hessens erließ er Kirchenordnungen, die den neuen Glauben in den Kirchengemeinden einheitlich festlegen sollten. Dieses war eine Reformation »von oben«.

Einen anderen Weg ging Sachsen. Hier waren bereits im Umfeld der Unruhen von 1522 einzelne neue Kirchenordnungen erlassen und es war damit begonnen worden, die als »kritisch« und »unruhig« angesehenen Gemeinden zu visitieren und bei den Besuchen Lösungen zu finden, die dem Bedürfnis der Menschen vor Ort genügten und so für Ruhe sorgten. In diese allererste Phase war Luther einbezogen worden. Nun sollte sich das etwas ändern. Bugenhagen wurde ab 1530 von Städten wie Braunschweig, Hamburg oder Lübeck gerufen, um dort neue Kirchenordnungen zu erlassen und diese Ordnungen in den Gemeinden einzuführen. In Sachsen wurde Melanchthon für diese Aufgabe eingesetzt. Von seiner Persönlichkeit her schien er dem Landesherren als eher geeignet, da er ruhiger und besonnener auftrat als Luther. Mit seinem diplomatischen Geschick konnte er zwischen den in den Städten und Gemeinden oftmals verhärteten Fronten vermitteln. Luther wurde ein kleiner Bezirk um Wittenberg zugewiesen, so dass er keine weiteren Reisen mehr unternehmen musste. Luther war dieses durchaus recht. Er klagte mit zunehmendem Alter über die Beschwernisse auf Reisen, zumal er dabei fern seiner Familie war. So war das zentrale Büro der Reformation in Wittenberg mit Luther fast durchgängig besetzt.

Philipp Melanchthon (1497–1560), der im Schatten Luthers stand, bekam nun eine wichtigere Position in der Reihe der Reformatoren. Körperlich konnte er sich mit seinen gut 1,50 m Körpergröße und seinem schlanken Körperbau hinter dem in späteren Jahren stattlichen Luther verstecken. Aber in diesem drahtigen kleinen Menschen steckte ein äußerst wacher und heller Geist. Melanchthon war 13 Jahre jünger als Luther und hatte bereits früh eine umfangreiche humanistische Ausbildung durchlaufen, schloss mit 14 bzw. 17 Jahren seine Studien mit Abschlüssen an den Universitäten Heidelberg und Tübingen ab, widmete sich besonders dem Studium der alten Sprachen und verfasste 1518 eine griechische Grammatik. Als in Wittenberg auf Betreiben Luthers im Jahre 1518 ein Lehrstuhl für Griechisch eingerichtet wurde, fragte man zunächst den hochgeschätzten Altsprachler Johannes Reuchlin. Der lehnte jedoch ab und empfahl seinen Verwandten und Zögling Philipp Melanchthon.

Luther und Melanchthon hatten sich bereits kurz am Rande der Heidelberger Disputation kennengelernt. Obwohl Melanchthon einen leichten Sprachfehler hatte, überzeugte er Luther und die Studenten in Wittenberg mit einer mitreißenden Antrittsrede. Unter der Parole »*ad fontes*« – »an die Quellen« – rief er zum Studium der alten griechischen Autoritäten und der Bibel auf, ebenso zu einer umfassenden Reform von Bildung und Universität. Luther ließ ihn an der theologischen Fakultät zum *baccalaureus biblicus* ausbilden, was ihn berechtigte, über die Bibel Vorlesungen zu halten. Melanchthon wurde der Mann der Systematik und der klaren Gliederung. So war er es auch, der den reformatorischen Glauben bereits 1521 in systematischer Form in der Schrift *Loci communes rerum theologicarum* (Allgemeine Dinge der Theologie) zusammenfasste und so die erste evangelische Dogmatik schrieb. Aber er blieb Philosoph. In späteren Jahren wurde er ganz von den Fakultätsgrenzen befreit, bekam vom Landesherren ein stattliches Haus an der Hauptstraße zwischen Augustinerkloster und Stadtkirche und wohnte hier mit seiner Frau und seinen vier Kindern. Das Verhältnis zwischen Luther und Melanchthon war eng, aber auch nicht ohne Reibungspunkte. Melanchthon blieb Humanist, der einzige und letzte an Luthers Seite. Dieses zeigte sich auch in seiner überlegten und verhaltenen Art, wie er seine Positionen vorbrachte und vertrat. So sorgten die oft harten und schroffen Worte und so manche Verhaltensweisen von Luther bei Melanchthon für Verwirrung oder Ablehnung, wie bei den Schriften gegen die Bauern oder auch bei Luthers plötzlicher Heirat. Auch nach Auseinandersetzungen fanden sie immer wieder zueinander, wahrscheinlich aus der Erkenntnis heraus, dass gerade ihre Andersartigkeit sie zu einem schlagkräftigen Paar machte. Mit ihren unterschiedlichen Fähigkeiten und Charakteren konnten sie so eine Sache gemeinsam und erfolgreich vorantreiben.

So bekamen die Reformatoren aus Wittenberg nach dem Reichstag in Speyer die Weisung ihres Landesherrn, die Land- und Stadtgemeinden Kursachsens zu besuchen. Sie hatten die strikte Anweisung, Pastoren, die sich weiterhin als Altgläubige bekannten, aus dem Dienst zu entlassen. Weiterhin sollte der Gottesdienst in der neuen Form

– nach Wittenberger Ordnung – gefeiert werden. Auf die Situationen und Gegebenheiten vor Ort sollte jedoch eingegangen werden. Was die Visitatoren in den Gemeinden vorfanden, war vielfach erschreckend: Auf dem Lande wusste so mancher Pfarrer nichts oder nur Ungenaues von der Reformation. Der evangelische Glaube war noch nicht bis in den letzten Winkel des Fürstentums vorgedrungen. Zudem waren manche Pfarrer der Trunksucht verfallen, kirchliches Leben war an vielen Orten in einem beklagenswerten Zustand oder sogar zum Erliegen gekommen. Aus einem »Pool« von geeigneten Theologen und Pastoren in Wittenberg wurden derartige Stellen in den Kirchengemeinden neu besetzt.

Luther erkannte schnell, dass den Pfarrern etwas an die Hand gegeben werden musste, ein Katechismus, der die elementarsten Sätze des evangelischen Glaubens zusammenstellte und verständlich erläuterte. So schrieb er den großen Katechismus mit Erläuterungen zu den Zehn Geboten, dem Vaterunser, dem Glaubensbekenntnis, zur Taufe und zum Abendmahl. Dieser Katechismus war für die Pfarrer gedacht; der kleine Katechismus jedoch für alle Gläubigen. In wenigen Sätzen und in der Form von Frage und Antwort sind hier die wichtigsten Glaubenssätze zusammengefasst – eine pädagogisch ansprechende Methode. In den folgenden Jahrhunderten hat so der Katechismus in Schule und Konfirmandenunterricht die jungen Menschen mit dem evangelischen Glauben vertraut gemacht.

Es gab aber auch Situationen, in denen Luther mit Frustration kämpfen musste. Selbst in Wittenberg ging der Gottesdienstbesuch zurück und fand ein deutlich geringeres Echo als in den Anfangsjahren. Anfang 1530 machte Luther seiner Wut Luft. Er trat in einen »Predigtstreik«, weigerte sich bei so geringem Interesse und bei der von ihm beobachteten Verrohung der Sitten, weiterhin den Predigtdienst zu versehen. Das Zureden von guten Freunden und der kurzzeitige Weggang von Bugenhagen ließen Luther dann wieder einlenken und er stand erneut auf der Kanzel der Stadtkirche. Auch weiterhin beschwerte er sich über die schwache Spendenbereitschaft der Gemeinde mit deutlichen Worten. Die Gemeindeglieder hätten in früheren Zeiten mehr für den sinnlosen und unwirksamen Ablass ausgegeben als nun für die dringend benötigte Kollekte für soziale Aufgaben und für die Besoldung der Pfarrer. Denn ohne ausreichende Kollekte war die wirtschaftliche Situation der evangelischen Pastoren nicht gesichert.

Im Frühjahr 1530 bekamen die Reformatoren die für sie neue Aufgabe, ihren Glauben in einem Bekenntnis zu formulieren. Bisher waren sie gegen die alte Lehre vorge-

Philipp Melanchthon, Holzschnitt von Lucas Cranach d. J. (1561).

gangen, hatten Missstände der alten Kirche aufgedeckt. Die Formulierung des eigenen Glaubens war ihnen neu. Kurfürst Johann lud daher die vier Wittenberger Reformatoren Luther, Melanchthon, Jonas und Bugenhagen nach Torgau ein. Der Anlass war eine freundliche und auf Ausgleich zwischen den Parteien zielende Einladung des Kaisers zu einem Reichstag in Augsburg. Der Grund für diesen versöhnlichen Ton lag in der politischen Situation dieser Monate: Die Türken hatten für einige Wochen Wien belagert, weilten aber noch in Ungarn. Bei dieser existentiellen Bedrohung von außen konnte der Kaiser keine Streitigkeiten und Parteiungen innerhalb des Reiches gebrauchen. Zudem weilte Karl V. nun erstmals seit neun Jahren, seit Worms, wieder in Deutschland auf einem Reichtag. Er wollte das Heft selbst in die Hand nehmen und die opponierenden Parteien zur Einigung bringen. Die evangelische Seite war in dieser für sie zunächst günstigen Situation aufgefordert, ihr Bekenntnis zu formulieren und vorzulegen, um strittige Punkte mit den Altgläubigen zu klären. Die vier Reformatoren saßen in Torgau zusammen und begannen ein evangelisches Bekenntnis zu formulieren. Es war ein Spagat zwischen widerstreitenden Punkten: Kompromissbereitschaft gegenüber Rom als auch den Oberdeutschen und Schweizern, die eigene Sache nicht verwässern, gerade gewonnene Positionen nicht aufgeben. Nach einigen Tagen machte sich die sächsische Delegation – mit den vier Theologen im Schlepp – auf den Weg nach Augsburg.

Jedoch war klar, dass Luther aus zwei Gründen nicht zum Reichstag kommen konnte: Ein rechtskräftig verurteilter Ketzer konnte vor dem Reichstag keine Bekenntnisschrift vortragen, die zudem noch die Option des Kompromisses beinhalten sollte – dies wäre ein Affront gegen die Altgläubigen gewesen. Zum anderen war es für den vogelfreien Luther lebensgefährlich, die Länder Kursachsen oder Hessen zu verlassen. So entschied man sich, Luther auf der Veste Coburg zurückzulassen, im südwestlichen Kursachsen. Die nun folgenden sechs Monate auf der Veste, fernab seiner Familie und der Stadt Wittenberg und abgeschnitten von den bedeutsamen Verhandlungen in Augsburg, waren für Luther eine Tortur. Er kannte diese Situation nur zu gut von seiner Zeit auf der Wartburg. Die äußeren Bedingungen waren zwar um vieles besser, aber wie für ihn in solchen Situationen üblich, kehrten seine Krankheitssymptome wieder. Seinen Bart ließ er sich wieder wachsen, so dass Besucher ihn kaum erkannten. Mit den Verhandlungsführern in Augsburg war er per Brief in Kontakt. Jedoch schnitt ihn Melanchthon in der entscheidenden und spannendsten Phase des Reichstages von den Nachrichten ab, als er das Bekenntnis, die spätere *Confessio Augustana* (CA, das Augsburger Bekenntnis), in seiner abschließenden Form bearbeitete. Da wurde Luthers Sache verhandelt und er war nicht dabei, schlimmer noch: Er wurde bewusst ausgeschlossen. Dabei hätte er gerne deutlichere Worte in der CA manifestiert, das »Leisetreten« war nicht seine Sache. In Wittenberg bedufte es einiger klärender Gespräche mit Melanchthon, bis das angeschlagene Verhältnis nach einigen Wochen wieder einigermaßen im Reinen war.

Schon zu Beginn des Reichstages setzte jedoch Karl V. keine versöhnlichen Zeichen: In der Stadt Augsburg wurde die evangelische Predigt verboten und er ordnete an, dass alle Delegationen des Reichstages an einer Fronleichnamsprozession teilnehmen sollten. Die Protestanten kamen dem mit Zähneknirschen nach. Als der Kaiser dann am Ende des Reichstages die Gegenschrift der Altgläubigen für recht und verbindlich erklärte, waren die protestantischen Stände enttäuscht und Luther sah sich bestätigt: In solch einer Situation, in der für ihn schon kein Kompromiss mehr möglich schien, galt es, das Bekenntnis in aller Klarheit und Deutlichkeit zu formulieren. Es zeigte sich, wie er diese Zeit einschätzte:

> Reformation ist für Luther nicht Wende zur Neuzeit, sondern Anfang der Endzeit. (zitiert nach: Oberman, S. 281)

Unter den Evangelischen machte sich tiefe Enttäuschung breit: wieder kein Reichstag, der zu einem Erfolg geführt hatte. Schon auf dem zweiten Reichstag in Speyer 1529 waren die evangelischen Reichsstände unter Protest ausgezogen, als der Kaiser von ihnen verlangt hatte, die bisher in ihren Ländern und Städten durchgeführten Reformmaßnahmen rückgängig zu machen, besonders deren materielle Auswirkungen. Zudem sollten die schweizerischen Lehren verboten werden, ebenso alle Ketzer auf dem Scheiterhaufen landen. Alle diese Forderungen waren unannehmbar, daher die »Protestation«. Seitdem spricht man von Protestanten, wenn man die Evangelischen meint – eine Bezeichnung, die sich bis heute gehalten hat. Erst im Jahre 1532 verabschiedete man den »Nürnberger Anstand«, der als eine Art »Waffenstillstand« bis zum Augsburger Religionsfrieden 1555 Bestand hatte und der den Evangelischen ihre Rechte und die Bewahrung des Erreichten zusicherte.

Zudem hatte der Reichstag in Augsburg noch einen weiteren Aspekt sichtbar gemacht: Das Lager der Protestanten war gespalten und zerstritten. Neben der CA legten vier oberdeutsche Städte (Straßburg, Memmingen, Lindau und Konstanz) ihr

Bekenntnis vor, die sogenannte *Confessio Tetrapolitana*, und Huldrych Zwingli ließ einen Brief mit seinem Bekenntnis übermitteln. Besonders Martin Bucer war um eine Verständigung innerhalb des evangelischen Lagers bemüht und rang mit Melanchthon um Formulierungen. Alle diese Bekenntnisse kamen jedoch nicht zum Zuge. Sie machten deutlich, dass es unterschiedliche Ausformungen der Reformation gab. Auch die gestaltenden Kräfte waren unterschiedlich: die Fürsten von oben (Hessen und Kursachsen), Stadtverordnete und Bürger (oberdeutsche Städte und Schweiz). So war die Ausgestaltung je nach Region oder Gebiet von unterschiedlichen Akteuren getrieben, was sich nun auch an den Bekenntnissen zeigte.

Mit der *Confessio Augustana* hatten die evangelischen Stände – mit Ausnahme der vier oberdeutschen Städte und der Schweizer – ihr Bekenntnis formuliert. Mit der Ablehnung dieses Bekenntnisses durch Karl V. war klar, dass der Kaiser, nun wieder in Deutschland und politisch wegen anderer Dinge nicht weiter gehemmt, gegen die Protestanten vorgehen würde. So reifte bei den evangelischen Fürsten die Einsicht, zur Verteidigung des Glaubens und der eigenen Positionen ein militärisches Verteidigungsbündnis zu gründen. Allen Beteiligten war klar, dass Luther in seinen bisherigen Schriften Gewalt gegen den Kaiser – also gegen die Obrigkeit – abgelehnt hatte. So setzte Johann eine Expertenkommission aus Juristen und Theologen ein. Die Juristen kamen dann zu dem Ergebnis, dass der Kaiser nicht über den Fürsten stehe und dass er in Glaubenssachen nichts gebieten dürfe. So konnte Luther diese Position – bei vielen Bedenken – mittragen. In seiner Schrift »Warnung D. Martin Luthers an seine lieben Deutschen« von 1531 gestand er ein Widerstandsrecht zu, wenn das Evangelium bedroht sei; Bürger sollten nur ein passives Recht auf Widerstand haben. Mit diesen Gutachten war der Weg frei, ein protestantisches Bündnis zu schließen. Schon Ende Dezember 1530 trafen sich Unterhändler in dem kleinen Städtchen Schmalkalden, wo Ende Februar das Bündnis besiegelt wurde. Ein Verteidigungsheer von 10 000 Soldaten und 2 000 Reitern wurde aufgestellt. Die bedeutende Stadt Nürnberg und Brandenburg-Ansbach traten nicht bei. Philipp von Hessen war es wichtig, dass die vier oberdeutschen Städte bekenntnismäßig integriert wurden. Luther blieb bei diesen Gesprächen außen vor, so dass ab 1534 Bucer und Melanchthon mit dem Ziel einer Einigung verhandelten. Sie verfassten jedoch kein neues Bekenntnis, sondern man erkannte in der Wittenberger Concordie von 1536 das jeweils andere an. Als der Papst zu einem Konzil in Mantua (das nie zustande kam!) einlud, ließ Kurfürst Johann Friedrich von Luther nochmals ein Bekenntnis ausarbeiten, das später als Schmalkaldischer Artikel in den lutherischen Bekenntnisschriften Aufnahme fand. Die Artikel bekamen aber nie die volle Zustimmung der Teilnehmer des Bundes, hier blieb die *Confessio Augustana* das weiterhin einende und gültige Bekenntnis.

Das protestantische Bündnis gewann zunächst an Stärke. Die oberdeutschen Städte traten ihm nach dem Tod Zwinglis bei und durch einen militärischen Sieg konnte Württemberg für die Reformation gewonnen werden. Selbst europäische Mächte fingen an, diplomatische Beziehungen zum einflussreichen Bund zu pflegen. Konfessionelle Streitigkeiten und Auseinandersetzungen über die Zielsetzung schwächten den Bund in den vierziger Jahren. Niederlagen gegen kaiserliche Truppen in den Jahren 1546/47 besiegelten dann sein Ende.

Wie viele historische Ereignisse, so hatte auch die Reformation ihren Skandal, der die Protestanten in arge Bedrängnis brachte. Philipp von Hessen, der mit seinem politischen Instinkt und seiner Durchsetzungskraft der reformatorischen Bewegung zu politischer Stärke verholfen hatte, pflegte – wie damals an den Renaissancehöfen durchaus üblich – ein Verhältnis mit einer 17-jährigen Hofdame. Nun bestand die Mutter der Hofdame jedoch auf einer Legalisierung dieses Verhältnisses in einer Ehe, was eine Doppelehe bedeutete. Philipp war verheiratet und seine Frau hatte ihm gerade das siebte Kind geboren. Wie gewohnt ging er diese Herausforderung wie ein Politiker an. Er schaltete den Reformator Martin Bucer ein, mit dem er sich wegen seiner vermittelnden Art spätestens seit den Marburger Religionsgesprächen sehr gut verstand. Luther hätte in dieser pikanten Angelegenheit sofort losgepoltert, was Philipp wusste. Der Landgraf wollte von den Reformatoren – und hier besonders von Luther – eine Zustimmung zu seinem Vorhaben einholen. Im Reich stand die Doppelehe seit einigen Jahren unter Todesstrafe und Luther hatte sich wiederholt negativ zu solch einer Art von Liebesverhaltnis geäußert. Einzig in seiner Schrift von der babylonischen Gefangenschaft hatte er für den Konfliktfall erwogen, eine Doppelehe einer Scheidung vorzuziehen. Melanchthon und Luther war mehr als mulmig zumute, als Bucer ihnen persönlich die Bitte des Herzogs vortrug. Nach langen Überlegungen verfassten die beiden im Dezember 1539 schließlich einen geheimen Beichtrat, einen persönlichen Dispens, der in dieser besonderen Situation die Doppelehe erlaubte. Sie konfrontierten Philipp jedoch offen und schonungslos mit seinem bisherigen sündigen Leben, widersprachen seiner Ansicht, dem Alten Testament gemäß mehrere Frauen haben zu können. Sie verwiesen vielmehr auf das Neue Testament, in dem sich

Christus eindeutig für die Monogamie ausgesprochen hatte. Zudem sollte der Dispens keine generelle Gültigkeit haben, sondern nur für diesen konkreten und speziellen Fall gelten. Alle Beteiligten wurden zu einer strengen Geheimhaltung verpflichtet. Aber die Ehe, die ein »weltlich Ding« ist, ist öffentliche Manifestation einer Verbindung zweier Menschen. So geschah, was alle befürchtet hatten: Die Sache wurde bekannt. Philipp nahm umgehend Kontakt zum Kaiser auf, um der Strafe zu entgehen. Karl V. verzichtete jedoch auf eine Sanktionierung – ein gefügiger Landgraf war ihm lieber als ein toter.

Der Skandal schwächte die politische Schlagkraft der protestantischen Seite deutlich und das Vertrauen in die moralische Autorität der theologischen Führer der Reformation war angeschlagen, wenn nicht in Teilen sogar zerstört. Luther und Melanchthon litten unter dieser Sache noch über Jahre, da es ihre persönliche Glaubwürdigkeit im Innersten angriff. Luther hatte durch die Legalisierung der Doppelehe einen ähnlichen Schaden genommen wie durch seine Schriften im Bauernkrieg.

10. Kinder – Katheder – Kirche

Martin Luther ist ganz außer sich! Die Wut kocht wieder bei ihm hoch. Gerade ist der Bote aus Augsburg über den Schlosshof der Veste Coburg zum Tor hinaus geritten. Nur Grüße von Freunden, Belanglosigkeiten hatte er bei sich. Keine Post von Melanchthon, der mitten in den wichtigen Verhandlungen um ein Bekenntnis steckt. Funkstille seit drei Wochen! Sein Sekretär Veit Dietrich schaut ihn von der Seite an. Luther kennt den Blick schon. Die aufsteigende Wut ist körperlich sichtbar: angeschwollener Hals, puterroter Kopf. Und Martin spürt es innerlich. Die Brust verengt sich, die Kopfschmerzen stechen, das innere Hämmern wird stärker. Seit Tagen kann er keinen klaren Gedanken fassen, nicht an seinen Schriften arbeiten, nur die nötigste Korrespondenz nach Wittenberg und Augsburg erledigt er mit schwerer Hand und langsamer Feder. Schon in Torgau, als er mit seinen drei Wittenberger »Kollegen« zusammensaß und sie über dem Bekenntnis brüteten, hat er es in ihren Blicken gespürt. Der Polterer Luther, der Mann der klaren Worte, war nicht gefragt. Es war Erleichterung zu spüren, als sie ihn auf der Veste Coburg zurücklassen mussten. Gar trefflich hatten sie ihm zwei Zimmer hergerichtet, Teile seiner Bibliothek waren da, sein Sekretär zu Diensten. Er aber fühlt sich gefangen, wie lebendig begraben. Auf die laufenden Verhandlungen kann er keinen Einfluss nehmen, nun nicht mal mehr per Brief. Ein Bekenntnis ist kein Kompromisspapier! Was soll dabei herauskommen? Ein Päpstchen mit weniger Macht? Ein Abendmahl mit halbem Kelch? Eine Rechtfertigungslehre mit Sowohl-als-auch? Ein Bekenntnis ist ein Bekenntnis! Dieses hat er der sächsischen Delegation bei der Weiterreise hinterhergerufen. Und nun sitzt er an dem Tisch vor seinem Leid. Weinen könnte er, vor Wut, vor Trauer, vor Enttäuschung, vor Verbitterung. Er schaut auf und sieht das Bild seiner Tochter Magdalena an der Wand. Jetzt heitert sich sein Gesicht etwas auf, ein leichtes Lächeln geht über seine Wangen. Ja, Magdalena, wie gerne hätte er sie nun bei sich, auch Hänschen fehlt ihm und natürlich seine Frau Käthe. Die erste längere Trennung in ihrer knapp fünfjährigen Ehe. Käthe hat er nichts von seinem Leid geschrieben, sie sollte nicht auch noch leiden müssen. Aber zwischen den kargen und wenigen Zeilen wird sie es gelesen und gespürt haben. Da sitzt ihr Martin mit Wut in Bauch und Kopf, alleingelassen, mit rasenden Kopfschmerzen und brennendem Heimweh. In solchen Fällen gibt es nur eine Medizin. Zu Lucas Cranach ist sie gegangen, hat Magdalena malen lassen.

Ganz ruhig hat die Kleine dabei gesessen. Sie wusste, es ist für den Vater, damit es ihm besser geht. Der Wittenberger Kurier hat es letzte Woche gebracht. Und wirklich: Der Anblick des Bildes wirkt bei Martin. Er wird nun ruhiger, der Druck im Kopf lässt nach. Vor ihm liegt ein Brief an Hänschen. Einige Tropfen der Tränen sind darauf. Sein Sohn hat seinen vierten Geburtstag und Martin spürt, wie sehr er ihm fehlt und er versucht, sich in ihn hineinzuversetzen. Mit wenigen Zeilen möchte er ihn aufmuntern. Er nimmt das Papier in die Hand und geht die Sätze noch einmal langsam durch:

Meinem herzlieben Sohn Hänschen Luther zu Wittenberg.
Gnade und Liebe in Christo! Mein herzlieber Sohn! Ich sehe gern, dass Du gut lernst und fleißig betest. Tue also, mein Sohn, und fahre fort. Wenn ich heimkomme, so will ich Dir einen schönen Jahrmarkt [Geschenk] mitbringen.

Ich weiß einen hübschen, schönen, lustigen Garten. Da gehen viele Kinder drinnen, haben goldene Röcklein an und lesen schöne Äpfel unter den Bäumen und Birnen, Kirschen, Spillinge [gelbe Pflaumen] und Pflaumen, singen, springen und sind fröhlich. Haben auch schöne kleine Pferdlein mit goldenem Zaumzeug und silbernen Sätteln. Da fragte ich den Mann, des der Garten ist, wes die Kinder wären? Da sprach er: ›Es sind die Kinder, die gern beten, lernen und fromm sind.‹ Da sprach ich: ›Lieber Mann, ich hab auch einen Sohn, heißt Hänschen Luther, möchte er nicht auch in den Garten kommen, daß er auch solche schönen Äpfel und Birnen essen möchte und solche feinen Pferdlein reiten und mit den Kindern spielen?‹ Da sprach der Mann: ›Wenn er gerne betet, lernt und fromm ist, so soll er auch in den Garten kommen, Lippus und Jost auch [Kinder von Melanchthon und Jonas, beide 1525 geboren]. Und wenn sie alle zusammen kommen, so werden sie auch Pfeiffen, Pauken, Lauten und allerlei Saitenspiel haben, auch tanzen und mit kleinen Armbrüsten schießen.‹ …

Darum, lieber Sohn Hänschen, lerne und bete ja getrost und sage es Lippus und Jost auch, daß sie auch lernen und beten, so werdet ihr miteinander in den Garten kommen. Hiermit sei dem lieben Gotte befohlen …

Dein lieber Vater Martinus Luther.

(Brief Luthers an seinen Sohn Johannes, auf der Veste Coburg geschrieben am 19. Juni 1530, WA Br 5, 377f, Nr. 1595, zitiert nach: *Ausgewählte Schriften*, Bd. VI, S. 119f)

Magdalena Luther, gemalt von Lucas Cranach d. Ä. (wahrscheinlich 1530).

Stolz war Martin auf seine Kinder, was er seinen Freunden am Tische gerne bekundete:

> Ich habe drei lebendige Kinder, die hat kein papistischer Theologe. Das sein drei Königreiche, die ich ehrlicher vor Gott habe, als Ferdinand Ungarn, Böhmen und das römische Kaiserreich.
> (frei zitiert nach: Oberman, S. 293, und *Luther im Gespräch*, S. 101, WA T 2, 534, Nr. 2590)

In den dreißiger Jahren wurden dem Ehepaar Luther noch drei Kinder geboren: Martin (1531), Paul (1533) und Margarete (1534). Vier der sechs Kinder erreichten das Erwachsenenalter. Tief getrauert hat Luther nach dem Tod seiner Lieblingstochter Magdalena. Im Jahre 1542 ließ Luther für sie folgende Worte in den Grabstein einmeißeln:

> Ich, Lena, Luthers liebes kindt,
> Schlaff hier mit allen heiligen glindt
> Und lieg in meiner rueh und rast.
> Nu bin ich unsers Gottes gast.
> (zitiert nach: Oberman, S. 323, WA T 5, 186, 19ff, Nr. 5490c, September 1542)

Luther hatte in seinen letzten Jahren mit Krankheiten zu kämpfen. Zweimal war er ernsthaft erkrankt, dass seine Freunde schon um sein Leben fürchteten mussten. Im Sommer 1527 hatte er einen physischen und psychischen Zusammenbruch. Die enormen Anstrengungen der davorliegenden Jahre zeigten sich auch körperlich. Als Jonas früh am Abend zur verabredeten Zeit kam, lag Luther – ganz gegen seine Gewohnheit – schon im Bett. Bereits den ganzen Tag war er von trüben Gedanken geplagt gewesen. Nun versuchte er zum Abendbrot aufzustehen, wurde jedoch ohnmächtig und blass mit kaltem Schweiß am ganzen Körper. Es schien mit Luther zu Ende zu gehen; nach dem Stadtkirchenpfarrer Bugenhagen wurde gerufen. Ein Arzt machte Luther schließlich warme Wickel, so kam dieser langsam wieder zu sich. Noch Wochen und Monate war er von diesem Schwächeanfall gezeichnet.

Zehn Jahre später, beim Bundestag in Schmalkalden, quälten Luther seine Blasensteine. Er konnte schließlich kein Wasser mehr lassen. Freunde und Ärzte halfen ihm, mehrere Liter Wasser einzutrichtern, als ob Luther ein Riesenochs sei. Aber die Steine wollten sich nicht lösen. Schließlich ließ man den Wagen anspannen und ein Arzt machte sich mit ihm auf den Heimweg nach Wittenberg. Die Straßen waren jedoch holperig und schüttelten den Wagen und den kranken Luther kräftig durch. Schließlich lösten sich bei ihm die Steine und »er wäre fast in seinem eigenen Wasser ertrunken« (WAT 3, Nr. 3746, Februar 1538, zitiert nach: Oberman, S. 344).

Ansonsten hatte Luther keine Angst vor Krankheiten. Als die Pest mehrere Male in Wittenberg wütete, verließ er die Stadt nie. Er wollte bei seiner Gemeinde bleiben, bei den Menschen, die Gott ihm anbefohlen hatte und für die er als Seelsorger zu sorgen hatte. Er sah seinen Dienst als öffentliches Amt. Alle Personen in vergleichbaren Stellungen hatten in solchen Situationen vor Ort zu bleiben und die öffentliche Ordnung und Versorgung sicherzustellen.

In den dreißiger Jahren war Luther neben seiner Gutachtertätigkeit vor allem wieder Universitätsprofessor. Drei große Vorlesungen widmete er biblischen Büchern, die ihm wichtig waren. Zum zweiten Mal las er über den Galaterbrief und entfaltete seine auf Paulus basierende reife Theologie, die er in einem Kommentar veröffentlichte. Sein Leben lang begleiteten Luther die Psalmen. Die Lyrik der Lieder Davids und Moses faszinierte ihn und er selbst schulte sich daran, machte sich mit der hebräischen Sprache immer vertrauter. Zwei Mal hatte er bereits über das jüdische Gebetbuch gelesen, nun also ein drittes und letztes Mal. Erst nach dieser zweijährigen Vorlesung und einer nochmaligen Bearbeitung im Kreise seiner »Übersetzungsrunde« war er mit dem Klang der lyrischen Verse zufrieden. Die Vollbibel war damit fertig und konnte 1534 endlich in den Druck gehen. Ganze zehn Jahre beschäftigte sich Luther dann mit der Genesis, dem 1. Buch Mose.

Aus heutiger Sicht fragt man sich, warum der Reformator und Mitbegründer der »*Evangelischen* Kirche« nie über die Evangelien gelesen hat. Aus dem Neuen Testament hat Luther nur aus der Briefliteratur gelesen und bei der Bibelausgabe hat er für fast jedes biblische Buch eine Vorrede verfasst, aber nicht für die Evangelien. Wenn Luther vom Evangelium sprach, so war es die »Frohe Botschaft«, die er bei Paulus in der Rechtfertigungslehre erfahren hatte: Als Sünder bin ich ohne mein Zutun, ohne gute Werke, gerechtfertigt, nur aus Gottes gütiger Gnade. Diese Erfahrung eines bereinigten Verhältnisses zu Gott war seine Kraftquelle und ihm wichtig, nicht die Literaturgattung Evangelium. In der Genesis fand Luther alle Aspekte der menschlichen Existenz: seine Geschöpflichkeit, den Sündenfall, seine Vermessenheit, Gottes Gericht in der Sintflut, aber auch Gottes vielfache Zusagen, seinen Bund mit den Menschen – sichtbar für alle im Regenbogen –, Abraham, der auch ohne Gesetz glaubte, seine Stammeskinder und Glaubensväter, die Josefsgeschichten. Dies war Luther wichtig: das biblische Buch, das vor dem Buch mit dem Gesetz steht, vor Mose mit seinen Tafeln am Sinai (2 Mos). Hier fand er den Menschen, wie er ihn kannte und den Glauben, den er suchte – ganz in der Auslegungstradition seines biblischen Lehrers Paulus (Gal 3, Röm 4). Ein Kreis schließt sich: zum Schluss noch mal an die Anfänge, die letzte große Vorlesung über das erste Buch der Bibel.

Bis heute ist die Lutherbibel einmalig in ihrer Sprachkraft. Sprache ist jedoch lebendig und daher werden heute nicht mehr alle Sprachbilder von 1530 verstanden. Es ist daher eine Herausforderung, die Bibel Luthers zu überarbeiten und an unsere heutige Sprache anzupassen sowie heutige theologische Erkenntnisse einzuarbeiten. Für das Reformationsjahr 2017 ist die Herausgabe einer überarbeiteten Lutherbibel geplant. Damit einher geht aber auch die Gefahr, die Mächtigkeit und Deutlichkeit der Worte Luthers zu verlieren. Viele Worte stammen von ihm, auch wenn wir es häufig nicht wissen: »Feuereifer«, »friedfertig«, »Menschenfischer«, »Morgenland«, »nachplappern«, »wetterwendisch«, »kleingläubig« oder Redewendungen wie »wie Schuppen von den Augen fallen«. Luthers Welt der Handwerksstube schimmert durch, wenn von »Meister« und »Jünger« die Rede ist. Im Urtext sind hier »Lehrer« und »Schüler« genannt, aber Schulen wurden damals noch nicht flächendeckend besucht. Hierfür hat sich Luther bei Landesfürsten und Stadtverordneten in vielfacher Weise eingesetzt.

Ein Beispiel für Luthers manchmal einseitige Sicht ist der Psalm 94, in dem es (Ausgabe von 1984) im 15. Vers heißt, »Recht muss doch Recht bleiben«, obwohl vorher lauter Ungerechtigkeiten geschildert werden! Dagegen übersetzt die Zürcher Bibel von 2007 sprachlich und inhaltlich korrekt: »Zur Gerechtigkeit wird zurückkehren das Recht.«

An der Universität wurden in Luthers letzten Jahren wieder vermehrt Disputationen nach altem Stil durchgeführt, nachdem sie einige Jahre nicht üblich gewesen waren. Zwischenzeitlich hatte besonders Melanchthon dafür gesorgt, dass diese Art der akademischen Bildung in den Hintergrund geriet. Luther war oft derjenige, der die Disputationen bei den Promotionen leitete. Die Doktoranden mussten sich an den von ihm aufgestellten Thesen reiben und ihre Urteilsfähigkeit und Argumentationskraft beweisen. Aber die Disputationen bekamen mit der Zeit einen anderen Charakter: Anfangs dienten sie der Entwicklung der neuen Lehre, nun hatten sie die Sicherung der neuen und damit »wahren« Lehre zum Ziel. Mitunter dienten sie so auch zur Disziplinierung. Für die Evangelischen war es eine neue Erfahrung, dass erstmals Abweichler der neuen Lehre verurteilt wurden. Johannes Agricola, ein Lehrer an der Universität, hatte Luthers Lehre vom Gesetz hinterfragt und die Notwendigkeit des Gesetzes in Frage gestellt. Er musste daraufhin Luthers harte Gegenwehr spüren. Über Nacht floh Agricola nach Brandenburg und baute dort die Reformation weiter aus. Anders als bei Karlstadt und Müntzer, wo Gefahr im Verzug war, als es um Ordnungslosigkeit und Aufstand ging, handelte es sich bei Agricola um *die Lehre,* die zur Verurteilung und Trennung führte.

Anfang Juli 1523 bekam Luther einen Brief aus den Niederlanden. Er war geschockt beim Lesen der wenigen Zeilen. Der Brief zeigte, wie gefährlich es zu dieser Zeit bereits war, sich zu dem neuen Glauben zu bekennen. Auf dem Grote Markt in Brüssel waren am 1. Juli 1523 die beiden Augustinermönche Hendrik Voes und Johannes van den Esschen verbrannt worden. Das örtliche Augustiner-Eremiten-Kloster war Anfang des Jahres geschlossen worden – eine Konsequenz von Luthers neuer Lehre. Luthers Bücher waren in den Niederlanden sehr populär und wurden vielfach nachgedruckt. Der Prior des Klosters, Jakob Probst, ein enger Freund Luthers, hatte seinen Mönchen die Lehre des Wittenbergers nahegebracht und sie mit der lutherischen Predigt vertraut gemacht. Die beiden Mönche blieben standhaft bei der Lehre und bezahlten mit ihrem Leben. Die Reformation hatte ihre ersten beiden Märtyrer. Nach dem ersten Schock schrieb Luther ein Sendschreiben in die habsburgisch regierten Niederlande. Neben der Klage standen auch Worte des Triumphes, dass die beiden Mönche für die gute Sache ihr Leben gegeben hatten.

Gerade Augustinermönche hatten zur Verbreitung von Luthers Schriften auch in anderen Ländern beigetragen und dies mit ihrem Leben bezahlt. So auch Robert Barnes aus Cambridge. Zusammen mit einem Freund hatte er Luthers Schriften im englischen Königreich verbreitet und das Neue Testament ins Englische übertragen. Daraufhin wurde er verhaftet, konnte dann aber fliehen und kam nach Wittenberg zum Studium. Er ging nach England zurück, glaubte dort sicher zu sein. Aber Heinrich VIII. ließ ihn gefangen setzen und erteilte den Befehl, Barnes am 30. Juli 1540 auf dem Scheiterhaufen zu verbrennen.

Kommen wir nun zu einem anderen Thema: Luthers Verhältnis zur Musik.

Schon als Schüler und Student hatte Luther großen Gefallen an der Musik, war musikalisch und spielte Flöte und Laute. In geselliger Runde griff er gerne in die Saiten und stimmte ein Lied an. Als er ins Kloster eintrat, war er in den ersten Jahren betrübt darüber, dass er nicht mehr seine Laute spielen konnte, die er vor diesem neuen Lebensabschnitt verkauft hatte. Von den Visitationen kam er mit der Erfahrung zurück, dass vor allem Lieder den neuen Glauben den Gemeindegliedern nahebringen konnten. So versuchte er sich nun als Lieddichter und Komponist oder er übersetzte alte Lieder aus dem Lateinischen oder versah bekannte Melodien mit seinen Texten. In seinem wohl populärsten Lied verarbeitete er seine Erfahrungen auf sicherer Burg (Wartburg, Coburg).

> Ein feste Burg ist unser Gott,
> ein gute Wehr und Waffen.
> Er hilft uns frei aus aller Not,
> die uns jetzt hat betroffen.
> Der alt böse Feind mit Ernst er's jetzt meint;
> groß Macht und viel List sein grausam Rüstung ist,
> auf Erd ist nicht seinsgleichen.
> (Evangelisches Gesangbuch 362, Vers 1)

Auf Initiative von Luther wurden erste Gesangbücher gedruckt, anfangs fast ausschließlich mit seinen Liedern. Mit der Zeit gesellten sich andere Lieder hinzu und von Ausgabe zu Ausgabe wurden die Gesangbücher dicker. Dieses war eine grundlegende Erfahrung, dass man seinen Glauben singend ausdrückte und hierin Trost und Zusammenhalt innerhalb der Gemeinde fand. Die Gläubigen kamen aus der passiven Rolle heraus und antworteten mit Gesang auf die Predigt. Das evangelische Kirchenlied und die evangelische Kirchenmusik wurden so – mehr noch als alle Bekenntnisse – zu einem frohen und allseits hörbaren Bekenntnis des eigenen Glaubens. »Ein froh gesungenes Kirchenlied ist wie doppelt gebetet«, so Luthers Losung. Das Gesangbuch wurde zum sichtbaren und hörbaren Bekenntnis des Glaubens: *Gotteslob* oder *Evangelisches Gesangbuch* bestimmte ab jetzt, zu welcher Konfession man sich bekannte. Ein Grundstein für eine reiche Tradition war gelegt, die ihre Blüte mit Gesangbuchliedern von Paul Gerhardt oder den Chor- und Orgelwerken von Johann Sebastian Bach erreichte.

Luther waren materielle Dinge nie wichtig gewesen. Von den Erlösen seiner Buchveröffentlichungen erhielt er nicht einen Pfennig. Seine Schriften hatte er den

Druckern übergeben, ohne etwas dafür zu verlangen. Die Drucker waren es, die ihr Geld mit Luthers Werken verdienten. Im Haushalt achtete Käthe darauf, dass das Geld reichte. Durch Garten, etwas Vieh und Ländereien hatte sie Naturalien für die vielen Gäste, Studenten und den in Wittenberg gestrandeten und kurzzeitig im Haushalt lebenden Personen. Ende der dreißiger Jahre und in den vierziger Jahren kam es jedoch im Deutschen Reich und besonders in Kursachsen zu massiven Teuerungen. Dieses bemerkte auch Luther und begann, Schriften zu verfassen, in denen er sich gegen den Wucher wandte. Er forderte die Pastoren auf, deutlich gegen die Personen zu predigen, die Wucher betrieben und Teuerungen verursachten. Denn viele Bauern und Händler hielten ihr Getreide und ihre Ernten zurück; erst bei gestiegenen Preisen gaben sie sie auf den Markt und strichen die höheren Gewinne ein, während das einfache Volk vielfach hungerte. Ebenso setzte sich Luther dafür ein, bei Geldgeschäften das Prinzip der »Billigkeit« gelten zu lassen und maximal einen Zinssatz von 5 Prozent zu nehmen, wenn nicht gar ohne Zinsen Geld zu verleihen. Bei seinem Landesfürsten bat er um eine höhere Besoldung der Pastoren und den Bürgermeister von Wittenberg; Lucas Cranach forderte er auf, Maßnahmen gegen den Wucher zu ergreifen. So wurde auch Luthers Gehalt angepasst, jedoch stiegen die Preise oft schneller als die Erhöhung der Besoldungen. Er beklagte, dass er bei höherem Gehalt letztlich weniger besitze als vorher.

> Desgleichen bedenkt niemand, daß, wer zuvor mit 30 Gulden ausgekommen ist, der kann jetzt kaum mit hundert Gulden auskommen.
> (zitiert nach: »Vermahnung zum Gebet wider die Türken« von 1541, WA 51, 585–625, zitiert nach: *Ausgewählte Schriften*, Bd. IV, S. 278)

Luther war kein Ökonom, sah aber deutlich Ursache und Wirkung im Wirtschaftsgeschehen. Er sah auch die Verantwortung der Pastoren, die Missstände deutlich benennen und die Wucherer öffentlich anklagen sollten.

In Luthers Haushalt hielten sich zu allen Zeiten auch seine Sekretäre auf. Sie ordneten seine recht umfangreiche Produktion an Schriften. Pro Jahr verfasste Luther im Schnitt 1 800 druckreife Seiten, was täglich fünf Seiten bedeutete – eine gewaltige Produktion. So war Luther der produktivste Schriftsteller der Renaissance. Aber die Sekretäre waren ihm auch Gesellschafter, so wie Veit Dietrich auf der Veste Coburg. Abends saßen sie mit in der Tischrunde und schrieben mit, wenn Luther wie üblich wieder das Wort ergriff und von alten Tagen erzählte oder aktuelle Ereignisse kommentierte. Diese Mitschriften wurden gesammelt und später als »Tischreden« herausgegeben. Ab und an gab es auch mal Streit mit den Studenten am Tisch, weil sich die Schreiber zurückgesetzt fühlten, oder es gab Streit darüber, ob Katharina die Studenten zu gut behandelte.

Ein ganz besonderer Freund der Familie Luther wurde mit den Jahren *Justus Jonas (1493–1555)*. Es verband sie eine sehr familiäre und innige Freundschaft, die sich bis zum Ende hielt. Allein schon Jonas' Wechsel vom Juristen zum Theologen machte ihn für Luther sympathisch. Jonas wurde zum wichtigen Wegbegleiter, gerade auch in kritischen Situationen. So begleitete er Luther auf den Reichstag nach Worms. Als Luther seinen Schwächeanfall 1527 erlitt, war sein Freund zugegen. Jonas war ein Mann des Ausgleichs; so versuchte er beim Marburger Religionsgespräch in Gesprächen mit Bucer zu einem Kompromiss zu kommen, ebenso arbeitete er an der *Confessio Augustana* mit. Im Jahre 1541 wurde er als Prediger nach Halle/Saale berufen. Halle war bis dahin Residenzstadt des Reformationsgegners Kardinal Albrecht von Brandenburg gewesen. Der Rat der Stadt setzte sich jedoch durch und forderte einen Prediger, der das Augsburgische Bekenntnis vertrat. Als sehr erfolgreicher Prediger – die Marienkirche konnte die große Zahl an Zuhörern nicht mehr fassen – setzte Jonas die Reformation in Halle durch. Auf seiner letzten Reise nach Eisleben machte Luther wegen Hochwassers der Saale bei Jonas in Halle Station. Beide reisten gemeinsam nach Eisleben weiter. Jonas wurde so Zeuge von Luthers Tod, den er schriftlich dokumentierte. In der Andreaskirche in Eisleben hielt er dem dort aufgebarten Luther eine Leichenpredigt und organisierte seine Überführung und Beisetzung in Wittenberg.

In den letzten Jahren hatte Luther die Hoffnung auf eine Reform der katholischen Kirche völlig aufgegeben. Auch an ein mögliches Konzil knüpfte er keinerlei Hoffnungen mehr. In seiner Schrift »Von den Konziliis und Kirchen« (1539) stellte er die bestimmenden und tragenden Eigenschaften einer evangelischen Kirche zusammen. Das Wort »Kirche« erschien ihm nicht glücklich. Er sprach dagegen lieber vom »christlich heiligen Volk«, das an der rechten Feier der beiden Sakramente Taufe und Abendmahl und an dem verantwortungsvollen Umgang mit Buße und Vergebung zu erkennen sei. Die Gemeinde setzt ihre Prediger und Diener ein. Ein rechter Gottesdienst geschieht im Gebet und im Singen geistlicher Lieder. In Bedrängnis und Verfolgung bewährt sich die wahre Gemeinde.

Mit Ironie, aber sicherlich auch genährt von eigenen Erfahrungen, stellte Luther dar, wie ein mögliches Konzil ablaufen würde. Hier hatte er die Eitelkeiten der Teilnehmer im Blick, der vielen Bischöfe, Äbte, Mönche und Doktoren, wenn er erläuterte, warum Konzile so lange dauerten: Im ersten Jahr stritte man darüber, wer oben sitzen dürfe, wer vorn oder hinten langgehen solle. Im zweiten Jahr hielte man dann die Bankette ab, die Rennen und Duelle. Schließlich im dritten Jahr verbrächten sie ihre Zeit damit, Heilige zu verbrennen. Hohn und Spott spricht aus dieser Darstellung und gibt die Konzile der Lächerlichkeit preis. Nichts, aber auch gar nichts erwartete er noch von dem Konzil, das nun in Trient geplant wurde, ein Konzil, das auch wirklich zustande kam. Tatsächlich, Luther sollte Recht behalten, was die Länge anging: Noch zu seinen Lebzeiten, Ende 1545, begann es – und tagte fast auf den Tag genau 18 Jahre!

Letztlich blieb sich Luther in der Frage treu, was einen Christen in der Gemeinschaft der Gemeinde ausmache. Schon in der Adelsschrift 1520 hatte er die Bedeutung der einzelnen Christen gegenüber der Institution deutlich hervorgehoben:

> Alle Christen sind wahrhaftig geistlichen Standes, und es ist zwischen ihnen kein Unterschied als allein des Amts halber, [...] denn die Taufe, das Evangelium und das Glaubensbekenntnis, die machen allein geistlich und Christenvolk. [...] Demnach also werden wir allesamt durch die Taufe zu Priestern geweiht.
> (WA 6, 404–469, Adelsschrift, zitiert nach: *Ausgewählte Schriften*, Band I, S. 155)

Seine Haltung zur Kirche des Papstes blieb unverändert. Hier hegte er im Alter einen besonderen Hass und beschrieb sie in Schriften mit Spottnamen. Der Papst war für ihn der »Papstesel«, er redete von ihm als von der »Höllischkeit« statt von der »Heiligkeit«, Papst Paul ist für ihn Jungfrau Paula. So ging er in der Schrift von 1545 »Wider das Papsttum zu Rom, vom Teufel gestiftet« mit der Papstkirche mit Spott ins Gericht, schilderte die Papstkirche in exakter Analyse. Lucas Cranach hat ihm hierzu drastische und anschauliche Holzschnitte gefertigt: der Papst im Höllenschlund, von Teufeln umgeben (siehe Abb. S. 100).

Wider das Bapstum zu

Rom vom Teuffel gestifft/

Mart. Luther D.

Wittemberg/1545.

durch Hans Lufft.

Holzschnitt von Lucas Cranach d. Ä. (1545), »Wider das Papsttum zu Rom, vom Teufel gestiftet«.

11. Juden und Türken – der alte Luther und seine dunklen Seiten

> Erstens soll man ihre Synagogen oder Schulen mit Feuer anstecken und, was nicht verbrennen will, mit Erde überhäufen und zuschütten, dass kein Mensch einen Stein oder eine Schlacke davon sehe ewiglich. Und das soll man unserem Herrn und der Christenheit zu Ehren tun, damit Gott sehe, daß wir Christen seien und solch öffentliches Fluchen und Lästern seines Sohnes und seiner Christen nicht mit Wissen geduldet noch eingewilligt haben [...].
> Zum anderen soll man auch ihre Häuser desgleichen zerbrechen und zerstören. [...]
> Zum dritten soll man ihnen alle ihre Betbüchlein und Talmudisten nehmen [...].
> Zum vierten soll man ihren Rabbinen bei Leib und Leben verbieten, hinfort zu lehren [...].
> Fünftens soll man den Juden das Geleit und die Straße ganz aufheben. [...]
> Sechstens soll man ihnen den Wucher verbieten und ihnen alle Barschaft und alle Kleinoden an Silber und Gold nehmen [...].
> Siebtens soll man den jungen, starken Juden und Jüdinnen Flegel, Axt, Karst, Spaten, Rocken, Spindel in die Hand geben und sie ihr Brot verdienen lassen im Schweiß der Nase, wie es Adams Kindern auferlegt ist (1. Mose 3,19) [...].
> (aus Luthers Schrift von 1543 »Von den Juden und ihren Lügen«, WA 53, 523–526, zitiert nach: Läpple, S. 261f)

Auch das ist Luther, der Mann, der aufbraust, der den ganz groben Keil ansetzt:

> Ich behaue den Stamm im Groben, Philippus hobelt. Aber auf einen groben Klotz gehört ein grober Keil.
> (WA T 4, Nr. 5054, Tischrede von Juni 1540, zitiert nach: *Luther im Gespräch,* S. 303)

Er will sich nichts gefallen lassen, im Alter schon gar nicht, er, der seinem Groll freien Lauf lässt, dass auch Hass darin zu spüren ist. Dies sind Seiten seines Charakters, die man nicht leugnen und nicht wegdiskutieren kann, man muss sie aushalten. Zudem sind sie nicht gänzlich aus der Zeit und den Umständen heraus zu erklären. Es ist Luther, mit seiner ganzen Kraft, mit seiner ganzen Urwüchsigkeit, mit seinem Poltern.

Neben den poetischen Versen der Psalmen und der Kirchenlieder, die einen einfühlsamen Mann zeigen, mit Worten, die das Innerste unserer Seele berühren und in Schwingung versetzen, gibt es auch diese Seite. Es sind Worte, denen man das Beben in Luthers Seele abspürt; da spricht Ablehnung, auch Angst ist dabei. Die Abwehr ist religiös motiviert und zeigt Verachtung gegenüber allen und jeden, die den evangelischen Glauben nicht teilen.

Andere Reformatoren waren von den späten Schriften zu den Juden irritiert. Heinrich Bullinger, der Nachfolger Zwinglis in Zürich äußert deutlich seine Ablehnung gegen Ton und Stil:

> Luthers Schriften von 1543 sind ›sehr schmutzig geschrieben. Sie sind zwar zur Verteidigung des Christentums nicht unnütze, aber er hat diesen schönen und dankbaren Stoff entstellt und geschändet durch seine schmutzigen Ausfälle und durch die Scurrilität, die Niemanden, am wenigsten einem bejahrten Theologen, ansteht‹.
> (zitiert nach: Katalog »*Ertragen können wir sie nicht*«, S. 46)

Als heutige Leser sind wir nicht nur irritiert, sondern erschrocken. Denn wir wissen nach dem Holocaust, welche Wirkungen solche Schriften haben können bzw. für welche Zwecke sie auch 400 Jahre nach ihrer Abfassung missbraucht wurden. Es ist erschreckend zu lesen, dass die Anweisungen Luthers bis ins Detail hinein von den Nazis umgesetzt wurden. Gerade seine »Judenschriften« wurden im späten 19. und im beginnenden 20. Jahrhundert verbreitet und mit Interesse gelesen. Das Bild, das den Menschen suggeriert wurde, mündete in der Unterstellung, Luther sei ein Antisemit gewesen.

Heute sind wir vor die nicht einfache Aufgabe gestellt, die Spannung auszuhalten, in die Luther sich mit seinen späten Äußerungen zu den Juden begab. Einiges lässt sich mit seinem Alter erklären, mit seiner Verbitterung über geplatzte, aber letztlich unrealistische Hoffnungen hinsichtlich des Übertritts von Juden zum Christentum und mit seiner oft drastischen und groben Redeweise. Kaum anders hat sich Luther auch gegenüber Türken, Bauern und besonders gegenüber dem Papst mit groben Verallgemeinerungen und Schimpfworten geäußert und mitunter brutale Vorgehensweisen konkret vorgeschlagen, wie im Bauernkrieg. Luther war der prophetische Warner, der seine Mahnungen mit deutlichen Worten aussprach.

Luther selbst war jedoch Wandlungen in seinem Verhältnis zu Juden unterworfen: Der Luther der frühen Jahre warb teilweise sogar um Verständnis, um einen freundlichen Umgang mit den Juden, der sie sich als Schwestern und Brüder im Glauben wünschte. In der Auslegung des Magnificats (Lk 1,46–56) von 1520/21 wirbt er – ganz auf der Linie des Paulus (Röm 9–11) – für die Juden als mögliche künftige Christen:

> Denn obwohl der große Haufe verstockt ist, gibt es doch allezeit, wie wenige ihrer seien, solche, die zu Christus sich bekehren und an ihn glauben. Denn diese Zusage Gottes lügt nicht, daß Abraham sei die Zusage geschehen und seinem Samen, nicht auf ein Jahr, nicht auf tausend Jahre, sondern in saecula, das ist von einer Menschenzeit in die andere ohne Aufhören. Darum sollen wir die Juden nicht so unfreundlich behandeln. Denn es sind noch zukünftige Christen unter ihnen und werden's täglich. [...] Wer weiß, wie und wann die Juden sich zu Christus bekehren. Wenn wir christlich lebten und sie mit Güte zu Christus brächten, wäre es wohl die rechte Art.
> (»Das Magnificat, verdeutscht und ausgelegt« von 1520/21, WA 7, 595ff, zitiert nach: *Ausgewählte Schriften*, Bd. II, S. 192)

Luther selbst hatte zeitlebens keinerlei Kontakt zu Juden. Die Städte, in denen er lebte, besonders Magdeburg, Erfurt oder Wittenberg, waren ohne jüdische Bevölkerung. In den verschiedenen Pogromen vorrangig im 14. Jahrhundert hatte man diese vertrieben. Einzig Straßennamen wie »Judengasse« oder die sogenannte »Judensau« an der Wittenberger Stadtkirche – eine verächtliche Darstellung der Juden mit dem unreinen Tier – erinnerten Luther an die Zeit, als Juden in diesen Städten gelebt und gearbeitet hatten. Aus eigener Anschauung oder Erfahrung konnte sich Luther daher kein Bild machen. In seiner ersten Vorlesung zu den Psalmen 1513–15 blieb er zunächst in der mittelalterlichen judenfeindlichen Deutung: Das Volk der Juden habe seinen Ehrentitel als »Volk Gottes« mit der Kreuzigung Jesu und dem Verlust des Tempels verloren. Nun sei die wahre und heilige Kirche an die Stelle der Synagoge getreten. Diese Sicht änderte sich kurz darauf in der Vorlesung zum Brief an die Römer bei der Auslegung der Kapitel 9–11. Paulus ringt mit äußerster Emotionalität um sein jüdisches Volk. Er benutzt dafür ein Bild aus der Botanik: Auf den alten Stamm des Volkes Israel sind neue Zweige aufgepfropft worden, aber alles wird getragen von dem kräftigen Stamm und den nährenden Wurzeln Israels. Erst am Ende der Zeit werden die noch abseits stehenden Juden zum wahren Glauben an den Messias Jesus kommen. Alle, Juden wie Christen, stehen in der Zusage, die an Abraham ergangen ist. Aus dieser Interpretation heraus werden die Hoffnungen in der Auslegung des Magnifikats deutlich: Auch Luther hoffte, dass sich die Juden zu dem neuen christlichen Glauben, wie Luther ihn formuliert hatte, bekennen würden. In verschiedenen Bibelauslegungen legte er dar, dass Jesus Jude gewesen war, und auch Paulus war und blieb für ihn ein Jude. Beide Erkenntnisse sind in der von Luther dargelegten Klarheit Frucht seiner kritischen Bibelexegese und waren damals nicht übliche Lehrmeinung.

Mit Luthers Auslegung des Römerbriefes geht jedoch auch eine Deutung des Wortes »Gesetz« einher, die judenkritisch ist. Im Judentum hat die Tora als der von Gott gegebenen Weisung für ein Leben in Gerechtigkeit und Frieden eine durchgängig positive Bedeutung. Luther erkennt bei der Verwendung des Wortes »Gesetz« nicht, dass Paulus – in Tradition der griechischen Übersetzung des Alten Testaments – das griechische Wort »*nomos*«, also »Gesetz«, für eine Vielzahl von Bedeutungen und Begriffe verwendet, was auch schon eine Begriffsreduzierung darstellt. In der hebräischen Bibel finden sich jedoch viele Bedeutungen: die Tora (die fünf Bücher Mose), die Gesetzestafeln des Mose mit den Zehn Geboten, die Gesamtheit der 613 Gebote und Verbote oder einzelne bestimmte Gesetze. So unterlag Luther einem entscheidenden Fehler: Aus der sprachlichen Verengung, indem er die vielgestaltige Tora ausschließlich als »Gesetz« abtat, erwuchs seine negative Wertung des jüdischen Gesetzes und damit des Judentums insgesamt.

Zudem wurde dem Judentum eine Ethik der Werkgerechtigkeit zugeschrieben, die es so nie hatte. Luther übertrug die Werkgerechtigkeit – also die Ansicht, dass das blinde Ausführen der Gesetze den Menschen »gut vor Gott« mache –, die er aus der katholischen Kirche in leidvoller Erfahrung kannte, auf seine Sicht des Judentums und gewann so seine Vorurteile gegenüber Juden und Tora.

Es gab jedoch auch Umstände, die Luther in der Zeit um 1520 zunächst zu positiven Sichtweisen auf das Judentum führten. Es war die Zeit der Euphorie über die Entdeckung und Erlernung der alten Sprachen. Die Sprachkundigen der Zeit waren die Stars in der Gelehrtenschaft, Lehrer für Griechisch und Hebräisch waren die bestbezahlten im ganzen Reich. So wollte Luther bei seiner Universitätsreform, bei der Einführung von Hebräisch und Griechisch an der Wittenberger Universität, den renommiertesten Hebräischprofessor, den Humanisten Reuchlin gewinnen. Ihn hatte er in einem Inquisitionsprozess um die Verbrennung talmudischer Schriften unterstützt. Luther und Reuchlin wandten sich einmütig gegen die Vernichtung der jüdischen Schriften. Trotz dieser Unterstützung sagte Reuchlin bei der Besetzung des Wittenberger Hebräischlehrstuhls ab und empfahl Melanchthon, der jedoch den Lehrstuhl für Griechisch annahm. Somit musste Luther – wie damals durchaus üblich – auf einen Konvertiten, einen zum Christentum übergetretenen Juden, zurückgreifen, der für kurze Zeit die hebräische Sprache lehrte. In diesen Jahren entstanden auch die ersten Lehrbücher für die alten Sprachen, so auch für Hebräisch. Und in der Tradition der Humanisten entschied sich Luther auch eindeutig für die hebräische Bibel als Textgrundlage für seine Übersetzung des Alten Testaments. Anfangs waren hierfür nur Ausgaben von Juden verfügbar, ohne deren Kenntnisse die Welt der alten Sprachen und der hebräischen Bibel nicht zu erschließen war. Luther war von der Euphorie für die biblischen Sprachen gepackt und begeistert von der Welt, die sich sprachlich damit erschloss, obwohl er sich äußerst schwer mit dem Erlernen des Hebräischen tat. Die Pioniere mussten sich die Sprache Wort für Wort selber erarbeiten. Nicht ohne Grund wandte Luther für die Übersetzung des Alten Testaments zwölf Jahre auf, in denen er viel Hilfe benötigte.

Die euphorische Stimmung der ersten Jahre verflog jedoch bald. Spätestens nach der Zeit auf der Wartburg sah sich Luther als Prophet in eine endzeitliche Epoche gestellt, die immer weniger Diskussionen und Kompromisse zuließ. Nun war der von Luther verkündete Glaube Maßstab aller Dinge. Luthers Erfahrung ließ Ernüchterung eintreten: Die Juden blieben weiterhin Juden. Die von Luther erwarteten oder erhofften Übertritte zum Christentum fanden nicht in der angenommenen Anzahl statt. Die »Schwärmer« und Bauern hatten über Luther hinausgehende Vorstellungen und Forderungen, gegen die Luther mit aller Härte publizistisch vorging. Dieser Stimmungsumschwung traf auch die Juden. In der Wahrnehmung Luthers bestand auch eine konkrete Gefahr: Es schien ihm, als würden Christen zum Judentum übertreten, also genau das Gegenteil von dem, was er sich erhoffte. In Böhmen und Mähren gab es ab dem Ende der dreißiger Jahre Gruppen der »Sabbather«. Gegen sie ging er in einer Schrift von 1538 vor. Er war der – fälschlichen – Meinung, als seien dort Christen zum Judentum konvertiert, feierten nun den Samstag als Festtag, ließen ihre Kinder beschneiden und hielten sich an einzelne Regeln des Judentums bzw. des Alten Testaments. Die Sabbather legten das Alte Testament sehr streng und wörtlich aus, blieben jedoch weiterhin Christen, was Luther jedoch verborgen blieb. Er sah im Judentum eine Gefahr für den Erfolg seiner Reformation. Dies war auch der Anlass für die Abfassung der Schrift von 1543. In dem Vorwort zu »Von den Juden und ihren Lügen« wird die emotionale Befindlichkeit Luthers deutlich – er hat schlichtweg Angst:

> Ich hatte wohl vorgenommen, nichts mehr – weder von den Juden noch wider die Juden zu schreiben. Aber weil ich erfahren, dass die elenden heillosen Leute nicht aufhören auch uns, das sind die Christen, an sich zu locken [...] Ich hätte nicht gemeint, dass ein Christ sollte sich von den Juden narren lassen, in ihr Elend und Jammer zu treten. Aber der Teufel ist der Welt Gott ... Gott helfe uns. Amen.
> (frei zitiert nach: Bienert, S. 133)

Luther sah sich in dieser Situation bedrängt. Er wähnte sich in einem apokalyptischen Zeitalter, am Ende aller Zeiten, in dem das Heil der christlichen Seelen akut bedroht war. Konkret warf er den Juden folgende »Lügen« vor: dass nur das jüdische Volk das von Gott auserwählte sei, dass Jesus nicht als Messias anerkannt werde und seine Wundertaten als Zauberei diffamiert würden, dass Jesus als Hurenkind von der Hure Maria geboren worden sei. In den Synagogen werde der Name Jesu verunglimpft. Dagegen bestand Luther darauf, dass die Kirche an die Stelle der Synagoge getreten sei und die Christenheit das Erbe des erwählten Volkes angetreten habe.

Luther konnte sich zu seiner Zeit kein Nebeneinander der Religionen vorstellen. Es war undenkbar, dass in einer Stadt Evangelische und Altgläubige nebeneinanderlebten. Daher gingen ganze Länder oder ganze Städte zur Reformation über. Für die Gemeinwesen gab es in der Frage der Religion nur ein striktes Entweder-oder. Daher konnte sich Luther kein Leben von Juden – wenn auch als Minderheit – in der christlichen Gesellschaft vorstellen. So gab er dem Oberrabbiner Josef von Rosheim einen negativen Bescheid, als der bei ihm anfragte, ob Luther sich beim Kurfürsten für die Juden einsetzen könne, um die 1536 erlassenen Verbote hinsichtlich Niederlassungsfreiheit und Durchzugsrechten zu lockern. In der Endzeit, in der sich Luther als mahnender Prophet sah, gab es nur den einen Weg zum Heil: Konversion, also Übertritt zum wahren Christentum, zur einheitlichen Gesellschaft aus Christen reformatorischen Glaubens. Allen anderen drohte die ewige Verdammnis.

Historiker regen mitunter Gedankenspiele an: Wie gestaltete sich unser Bild von Luthers Verhältnis zu den Juden, wenn er 1542 verstorben wäre? Es sähe völlig anders aus als das, was wir heute mit den verschiedenen Wendungen und Spannungen, die ihm innewohnen, vor Augen haben. Und auch in den letzten Tagen sah sich Luther provoziert und genötigt, zu den Juden etwas zu schreiben und zu predigen. Es ist tragisch: Die letzten Worte von der Kanzel hat der leidenschaftliche Prediger den Juden gewidmet. Schauen wir also genau hin, was in den letzten Tagen in Luthers Leben geschah.

Luther wurde im Januar 1546 nach Eisleben gerufen, um einen Streit zwischen den beiden Mansfelder Grafen zu schlichten. So machte er sich mit seinen drei Söhnen und Justus Jonas mit einem Planwagen auf den Weg. Wenige Kilometer vor Eisleben kam der Wagen auf eisglatten Wegen durch ein Dorf, in dem Juden lebten. Ein eisiger Wind ging über die Felder. Luther war in einem labilen Gesundheitszustand. Die löchrige Plane des Wagens gab keinen rechten Schutz gegen den kalten Wind. Luther erlitt daraufhin einen Schwächeanfall. In einem Brief an seine Frau Käthe vom 1. Februar 1546 schilderte er die Episode:

> Ich bin wahrlich schwach gewesen auf dem Weg hart vor Eisleben, das war meine Schuld. Aber wenn Du wärest dagewesen, so hättest Du gesagt, es wäre der Juden oder ihres Gottes Schuld gewesen. Denn wir mußten durch ein Dorf hart vor Eisleben, darinnen viel Juden wohnen; vielleicht haben sie mich so hart angeblasen.
> (WA Br 11, 275–277, Nr. 4195, zitiert nach: *Ausgewählte Schriften*, Bd. VI, S. 267)

Luther nahm das Klischee auf, dass die Nähe der Juden seine Schwäche bewirkt habe. Er unterstellte seiner Frau, dieses damals gängige Vorurteil zu vertreten. Zudem war es vielleicht eine der wenigen Situationen in seinem Leben, in der er Juden leibhaftig zu Gesicht bekommen hatte. Aber: Der Brief geht weiter und bringt eine ungeahnte Wendung:

> Und wahr ist's: Da ich an dem Dorf vorbeifuhr, ging mir ein solcher kalter Wind hinten zum Wagen hinein auf meinen Kopf durch's Barett, als wollt mir's das Hirn zu Eis machen.
> (WA Br 11, 275–277, Nr. 4195, zitiert nach: *Ausgewählte Schriften*, Bd. VI, S. 267)

Luther spielte mit dem Klischee und das durchaus mit Humor und ohne Böswilligkeit. Er war sich dessen klar bewusst, dass sein Schwächeanfall einen objektiven Grund hatte – die Kälte im zugigen Wagen und sein ungenügender Schutz dagegen. Zudem ließ er gleich darauf im Brief seiner Käthe mit einem Augenzwinkern wissen: Nun sei er wohlauf und von schönen Frauen umgeben, die ihn schwach machen könnten. Seine Schwäche war also nicht durch die Begegnung mit Juden verursacht.

Luther bezog in Eisleben Quartier und nahm, soweit es seine Kräfte zuließen, an den Verhandlungen teil. Mitte Februar war die Schlichtung so gut wie geschafft. Viermal war es ihm möglich gewesen, in der Andreaskirche zu predigen, das letzte Mal am 15. Februar. Wegen seiner Schwäche musste er jedoch diese, seine letzte Predigt abbrechen. Aber das Thema Juden war ihm so wichtig, dass er mit letzter Kraft noch eine »Vermahnung wider die Juden« von der Kanzel verlas. Die letzten zwei Sätze fassen zusammen, wie mit den Juden umgegangen werden sollte:

> Wollen sich auch die Juden zu uns bekehren und von ihrer Lästerung und was sie sonst getan haben, aufhören, so wollen wir es ihnen gerne vergeben. Wo aber nicht, so sollen wir sie auch bei uns nicht dulden noch leiden.
> (WA 51, 194, 31–196, 17, zitiert nach: Bienert, S. 177)

Luther war Realist und so wusste er, dass eine Predigt gegenüber den Juden letztlich keinen »Erfolg« haben konnte. So blieb nur deren Vertreibung – nicht deren Tötung! Aus heutiger Sicht ist aber bereits die Judenmission eine Ungeheuerlichkeit und Vermessenheit. In einer pluralen Gesellschaft ist die Religion anderer zu akzeptieren und zu respektieren. Bleiben die Fragen: War Luther Antisemit? Forderte er die Vernichtung von Juden?

Luthers Thema war immer die Religion – gegen die Religion des Judentums hat er mit seinen Schriften im zunehmenden Alter immer schärfer Stellung bezogen, physisch aber ist er nie gegen Juden vorgegangen. Er hatte keinen Kontakt zu ihnen. Letztlich ist Luther jedoch ein Antijudaismus vorzuwerfen, also sein publizistisches Vorgehen gegen die Religion des Judentums, dies dann in aller Schärfe und mit den von ihm bekannten drastischen Worten.

In der Wirkungsgeschichte von Luthers »Judenschriften« spiegelt sich das Verhältnis der christlichen Gesellschaft und hier besonders der Protestanten gegenüber den Juden in ihrer jeweiligen Zeit wider. Bis zum Dreißigjährigen Krieg war der Status der Evangelischen noch unsicher und so wehrten sie sich gegen die Juden. So wurden die judenkritischen Schriften des Jahres 1543 noch bis 1617 gedruckt, in einer Zeit, als in Frankfurt am Main und Worms Juden vertrieben wurden. Nach dem Dreißigjährigen Krieg wurden zunächst keine judenkritischen Schriften herausgegeben. Zur Zeit des Pietismus waren jedoch die judenfreundlichen Schriften von 1523 und davor besonders beliebt. Erst nach der deutschen Reichsgründung kamen ab 1870 wieder die judenkritischen Texte auf den Markt. Sie trafen auf eine antisemitische Stimmung, die sich im Deutschen Reich immer stärker ausbreitete. Den Juden waren nun immer mehr Rechte zugestanden worden, wogegen sich Widerstand aus vielen Schichten und Berufsständen, die sich nun in einer neuen Konkurrenzsituation sahen, regte. Mit dem Aufkommen des Nationalsozialismus stieg die Publikation der feindlichen Schriften stark an. So berief sich Julius Streicher im Nürnberger Kriegsverbrecherprozess auch auf Luthers Schriften, die der Judenverfolgung doch eine »theologische« Rechtfertigung gegeben hätten. Die Wirkungsgeschichte zeigt, mit welchen fatalen Folgen die Schriften Luthers im veränderten historischen Kontext missbraucht werden konnten. Luthers Wirkungskraft war immer das Wort. In den judenkritischen Schriften hat er seinen Worten eine Schärfe gegeben, die in Ton und Gestus nicht angemessen waren und in einem antisemitischen gesellschaftlichen Klima die Gefahr boten, leicht missbraucht zu werden.

Und heute? Heute ist es für einen theologisch Interessierten nicht einfach, sich mit dem Thema auseinanderzusetzen. Aktuell gängige Lutherausgaben enthalten kaum »Judenschriften«. Die evangelischen Kirchen würden dieses Thema lieber ad acta legen, da es den Reformationsfeierlichkeiten 2017 einen negativen Beigeschmack geben könnte. Nach 1945 ist eine Auseinandersetzung aber unumgänglich. Herausgeber wissenschaftlicher Ausgaben von Luthers Schriften sollten hier Mut zeigen!

Kommen wir nun zu einem anderen Themenbereich, zu einer Auseinandersetzung mit einer damals fremden Religion, dem Islam, in einer Ausprägung, in der er sich zu Luthers Zeiten in Europa zeigte: mit den Türken.

Luther war, ohne dass er es wollte, ein Nutznießer der Bedrohung des Deutschen Reiches durch die Türken. Die »Gefahr vor den Türken« stand zu seinen Lebzeiten unsichtbar, aber doch spürbar immer im Hintergrund. Es war ein deutliches Signal der Bedrohung für das christliche Abendland, als im Jahr 1453 Konstantinopel, heute Istanbul – damals Hauptstadt des oströmischen Reiches und Metropole der Orthodoxen Kirche – von den Türken erobert wurde. Sultan Suleiman II. trieb die Expansion nach Europa zielstrebig voran, zunächst erreichte er Belgrad und 1526 folgte die Besetzung Ungarns nach der Schlacht bei Mohác. Es war ein Schock für das Deutsche Reich, als im Herbst 1529 türkische Heere vor Wien auftauchten und die Stadt belagerten. Sie konnten Wien aber nicht einnehmen, sondern zogen unverrichteter Dinge im Winter wieder fort – eine Taktik, die sie oft anwandten. Aber die Gefahr blieb, Teile Ungarns waren verwüstet und blieben besetzt. Der Kaiser, der die Außengrenzen des Reiches sichern wollte, musste nun alle Kräfte bündeln, um die immer noch vorhandene Gefahr abzuwehren. Damit war verbunden, auch die evangelischen Stände mit einzubeziehen. So war es nur zu verständlich, dass Karl sich ihnen gegenüber in Religionsfragen kompromissbereit zeigen musste. Ein Drängen auf die Umsetzung des

Urteils gegen Luther lag so in weiter Ferne und wurde in bedrängter äußerer Situation nicht ernsthaft in Erwägung gezogen. Die Reformation und Luther konnten so von der Gefahr der Türken profitieren.

Luther ging bei dem Thema der Türken zunächst mit dem Papsttum hart ins Gericht. Er sah die Türken als ein gerechtes Gericht Gottes für die päpstliche Kirche. Luthers Meinung nach wollte die Kirche beim Aufruf zum Krieg gegen die Türken von den notwendigen internen Reformen ablenken.

> Jetzt freilich träumen die meisten und gerade die Größten in der Kirche von nichts anderem als von Kriegen gegen die Türken. Sie wollen nämlich nicht gegen ihre (eigenen) Ungerechtigkeiten kämpfen, sondern gegen die Rute (also die von Gott verordnete Züchtigung) der Ungerechtigkeit, und wollen sich (damit) Gott widersetzen, der da sagt, dass er durch diese Rute unsere Ungerechtigkeit heimsucht, weil wir sie selbst nicht heimsuchen.
> (zitiert nach: Schilling, S. 548, Klammerergänzungen durch Schilling)
> (WA 1, 535f, zitiert nach: Schilling, S. 548, Klammerergänzungen durch Schilling)

Die Ratschläge von Theologen hinsichtlich der Gefahr, die von den Türken ausging, waren vielfältig. Erasmus empfahl, keinerlei militärische Mittel einzusetzen, sondern Missionare zu den Türken zu schicken, um sie zu Christen zu bekehren. Luther zog jedoch auch militärisches Eingreifen in Betracht. Hierbei blieb er aber ganz in der Denkweise seiner Zweireichelehre – der klaren Aufgabenteilung zwischen geistlicher Gewalt (Kirche) und weltlicher Macht (Kaiser, Fürsten). Der Kirche maß er nun die Aufgabe zu, durch Buße und Gebet den Teufel zu bekämpfen, den er in den Türken am Werke sah. Luther hatte aufmerksam wahrgenommen, dass die Verwüstungen auf dem Balkan ein bis dahin nie gekanntes Maß angenommen hatten. Der Papst solle keine weltlichen Heere führen und auch nicht selber zum Krieg aufrufen – das war eine klare Abgrenzung zu den Kreuzzügen. Nur dem Kaiser, den Fürsten und ihren Heeren sei es erlaubt, das Schwert gegen die feindliche Macht zu erheben.

Verschiedentlich, besonders ab dem Ende der zwanziger Jahre, hatte sich Luther in Schriften zu der Türkengefahr geäußert. Hierin lässt sich erkennen, dass er eine recht gute Kenntnis des Islams besaß, obwohl er selber nie in Kontakt mit Muslimen gekommen war. Luther besaß eine lateinische Übersetzung des Korans und hatte diesen recht umfangreich studiert. Er setzte sich dafür ein, den lateinischen Koran und Bücher über den Islam frei zugänglich zu halten und zu vertreiben. Jeder Gelehrte sollte sich selber ein Bild von dieser fremden Religion und Kultur machen können. Über gesellschaftliche Umstände war er recht gut informiert und kritisierte die gesellschaftlich schlechte Stellung der Frau. Aber er sah auch positive Eigenschaften: Treue, Freundlichkeit und Ehrlichkeit. Die Soldaten sollten sich daher vor dem Kampf gegen die Türken durch Buße und Gebet geistlich rüsten. Er riet allen eindringlich, Vaterunser, Zehn Gebote und Glaubensbekenntnis auswendig zu lernen. Sollten sie in Gefangenschaft geraten, so seien sie auch ohne Katechismus gerüstet und vor Anfeindungen gewappnet.

Zu Luther Lebzeiten blieb der Balkan, besonders aber Ungarn weiter von den Türken bedroht oder besetzt. Zu einer erneuten Belagerung Wiens kam es erst 150 Jahre später, im Jahre 1683.

12. Luther wirkt!

Am frühen Morgen des 22. Februars 1546 kommt der Trauerzug am Elstertor in Wittenberg an, der Sarg Luthers auf einem vierspännigen Wagen, daneben kurfürstliche Reiter zum Schutz und Geleit, dahinter viele Trauernde. Katharina entdeckt unter ihnen ihre drei Söhne. Mit ihrer Tochter Margarete ist sie zum Tor gegangen, um dem Zug entgegenzugehen. Es bleibt keine Zeit und Gelegenheit für einen persönlichen Abschied. Die Familie Luther muss sich in das staatlich geplante Zeremoniell schicken. Um den Leichnam Luthers und die Trauerfeier hatte es schon Streit gegeben. Die Mansfelder Grafen wollten ihn »in seiner Heimat« in Eisleben bestatten. Der Kurfürst in Torgau hatte aber seine eigenen Pläne. In seiner Residenz- und Universitätsstadt sollte Luther seine letzte Ruhe finden, in der repräsentativen Schlosskirche, am staatlichen Ort, mit allen staatlichen Ehren. So geht der Leichenzug dann einmal längs durch die Stadt, die Straßen sind voller Menschen, dass kaum ein Durchkommen ist, vorbei am Kloster, an Melanchthons Haus, an der Stadtkirche, an den Cranachwerkstätten, über den Markt bis zur Schlosskirche. Bugenhagen würdigt Luther in seiner Leichenpredigt und Melanchthon hält als Vertreter der Universität eine Rede. Der Sarg wird in das Grab hinabgelassen, das in aller Eile auf der Kanzelseite geschaffen worden war.

Bei allem staatlichen Prunk wird jedoch wenige Monate später für die Wittenberger spürbar: Hier ist auch ein Ketzer und Geächteter zu Grabe getragen worden. 1546 gibt es noch keinen Frieden zwischen den sich herausbildenden Konfessionen, vieles ist noch unsicher und brüchig.

Als Katharina von Bora oder Luther, wie sie ja nun hieß, nach der Trauerfeier die lange Straße durch Wittenberg nach Hause geht, schaut sie ihre vier Kinder – im Alter von 11 bis 19 Jahren – an. Auch sie ist unsicher. Was soll aus ihnen nun werden? Deutschland, die Welt hatte den großen Reformator verloren, um den nun getrauert wurde. Sie hat ihren Mann, die Kinder den Vater verloren. Das Familienoberhaupt, die alles bestimmende und tragende Person, ist nun nicht mehr da. Luther hatte ein Testament verfasst, damit seine Frau erben solle, um die vier Kinder vorsorgen zu können. Aber: Nach dem geltenden Recht sind Katharina und Martin vor dem Gesetz nie Mann und Frau gewesen. Die Heirat von Nonne und Mönch ist weiterhin verboten, und wo eine solche Ehe geschlossen wird, ist sie rechtlich ungültig. Dieses wirft große juristische Probleme für Katharina und ihre Kinder auf. Rechtliche Streitigkeiten sollen sie ihr

Leben lang begleiten. In Wittenberg hat sie zudem nicht nur Freunde, einige sind der Familie gegenüber distanziert. Zudem ist die politische Großwetterlage nicht günstig.

Im Schmalkaldischen Krieg, nur wenige Monate nach Luthers Tod, mussten die Evangelischen harte Niederlagen einstecken. In Mühlberg an der Elbe schlugen am Morgen des 27. Aprils 1547 die kaiserlichen Truppen das Heer des sächsischen Kurfürsten, der sich in Sicherheit wähnte und mit seinen Offizieren gerade Gottesdienst feierte. Wittenberg hatte sich auf den Krieg vorbereitet, die Bedachung der Stadtkirchtürme abgenommen und dort Kanonen postiert. Der Kaiser zog mit seinen siegreichen Soldaten in Wittenberg ein. Katharina musste mit ihrer Familie zunächst nach Magdeburg und dann nach Braunschweig fliehen. Als sie zurückkam, waren die Ländereien, die sie bewirtschaftet hatte, verwüstet. Mit viel Mühe baute sie die Landwirtschaft wieder auf. Als 1552 wieder die Pest in Wittenberg wütete, floh sie nach Torgau. Kurz vor der Stadt gingen die Pferde durch und sie rettete sich mit einem mutigen Sprung aus der Kutsche. Dabei zog sie sich jedoch schwere Verletzungen zu, von denen sie sich nicht wieder erholte. Am 20. Dezember 1552 verstarb sie in Torgau und wurde in der Marienkirche beigesetzt.

Ihr ältester Sohn schlug die Laufbahn ein, vor der ihn sein Vater immer gewarnt hatte. Er wurde Jurist und diente an mehreren Höfen, 1575 starb er in Königsberg. Einzig der Sohn Martin blieb bei der Theologie, starb aber mit 33 Jahren in Wittenberg, noch bevor er seinen Pfarrdienst antreten konnte. Paul wurde ein erfolgreicher Mediziner, lehrte an der Universität Jena und war Arzt in mehreren Fürstenhäusern, er starb 1593 in Leipzig. Die einzige Tochter Margarete heiratete den ostpreußischen Landhauptmann Georg von Kunheim. Sie starb bereits in Alter von 36 Jahren und liegt in der Kirche von Mühlhausen begraben. Aus den Ehen von Paul und Margarete sind insgesamt 15 Kinder hervorgegangen, wovon nur acht ihre Eltern überlebten.

Die Jahre nach Luthers Tod waren von politischen Wirren bestimmt, von kleineren Kriegen und Auseinandersetzungen. Sie alle zeigten, dass das Kaisertum Karls V. schwach war. Es war keine Zentralmacht, es war geliehene Macht auf den Schultern der Landesfürsten. Und die Herrscher in den Ländern wussten die Situation für ihre Zwecke zu nutzen. So bekam Herzog Moritz von Sachsen die Kurwürde, während Johann Friedrich sie verlor und gefangen gesetzt wurde. Moritz täuschte dem Kaiser Loyalität vor, wechselte jedoch wiederholt die Seiten. Ebenso stand das mächtige Erzbistum Köln kurz vor dem Wechsel ins protestantische Lager. Diplomaten des Kaisers konnten dieses gerade noch verhindern. Dem Kaiser wurde klar, dass er die Teilung Deutschlands in zwei Konfessionen akzeptieren musste und den evangelischen Ständen eine Rechtssicherheit schaffen musste – sonst war kein Frieden zu erreichen. Von dieser Einsicht getragen konnte 1555 der Augsburger Religionsfrieden geschlossen werden. Kaiser Karl war mit seiner Politik gescheitert, das Reich in und mit einer Religion zu einen. 1 000 Jahre Mittelalter waren nun beendet, wo Papst und Kaiser zusammen agierten und Gott und Welt zusammen gedacht wurden. Der Staat wurde nun säkular. Die Fürsten, die Reichsstände, bekamen mehr Macht und konnten in ihren Territorien über die Religionszugehörigkeit selber entscheiden. Eine freie Entscheidung des Einzelnen gab es jedoch noch nicht. Wollte jemand nach einer anderen Konfession leben als vom Landesherren bestimmt, so hatte er das Recht des freien Geleits und konnte auswandern. Der rechtlose Status der evangelischen Reichsstände war mit dem Religionsfrieden beendet. Aber auch das ursprüngliche Ziel Luthers ist nicht erreicht worden: die Reform der ganzen Christenheit und der ganzen Kirche. Die Einheit der lateinischen Kirche war nun endgültig zerbrochen. Es gab nun zwei Konfessionen und die katholische Kirche blieb nicht die gleiche wie im Mittelalter, denn Luthers Bußruf hatte in ihr eine Welle kirchlicher Reformen und Änderungen in Gang gebracht.

Nach Luthers Tod begann der Streit um sein geistiges Erbe und die Auseinandersetzung um die Deutungshoheit seiner Theologie, seiner Schriften, seiner Auslegung der Bibel. Der Mann, der immer auch Theologie aus dem Bauch, aus dem Gefühl heraus gemacht hat, sollte nun in Dogmen, in die »wahre Lehre« des Luthertums gegossen werden – ein unmögliches Unterfangen. Man suchte Halt, da der Reformator nun nicht mehr da war. Melanchthon wurde zu einem »Wahrer« des Erbes. Mit seinem scharfen Intellekt konnte er komplexe Themen genau erkennen und exakt definieren; ebenso konnte er mit seinem auf Ausgleich bedachten Wesen in vielen nun ausbrechenden Lehrstreitigkeiten vermitteln. Die Konkordien waren vielfach sein Werk. Und er wusste: Die Menschen brauchten etwas »Handfestes«, um die nicht einfachen Vorgänge der Reformation zu verstehen. Der Thesenanschlag am 31. Oktober 1517 ist einer Schilderung zu entnehmen, die Melanchthon nach Luthers Tod verfasste. Er konnte nicht Zeuge dieses Geschehens gewesen sein, da er zu dieser Zeit noch gar nicht in Wittenberg lehrte. An diesem Tag hatte Luther seine Thesen an den Erzbischof von Mainz geschickt, das ist sicher. Der Thesenanschlag ist jedoch eindrücklicher und prägt auch 500 Jahre später noch unser Bild. Luthers Sterbehaus in Eisleben wurde schon bald zu einem Pilgerort. Hier war ein »Heiliger« verstorben, von dem

Hilfe bei alltäglichen Nöten erwartet wurde. Aus dem Sterbebett schnitten Pilger Holzspäne heraus, die helfen sollten bei Zahn- oder Kopfweh oder sonstigen Leiden. Dieser Reliquienverehrung konnte man nur Herr werden, indem man das Bett zusammen mit dem Inventar verbrannte. Erst im 19. Jahrhundert ließ der preußische König Wilhelm I. das Sterbezimmer neu herrichten, um einen Gedenkort zu schaffen.

Über die Jahrhunderte zeigt uns das Gedenken an den Beginn der Reformation, wie Luther und die evangelische Kirche in der jeweiligen Zeit gesehen wurden.

1617 stand noch ganz im Zeichen der harten Auseinandersetzungen des 16. Jahrhunderts. Viele Wunden waren noch nicht verheilt oder erst gerade aufgebrochen. Der Konflikt zwischen den Konfessionen wurde so – neben den Spannungen zwischen den europäischen Monarchien und dem Machtstreben der Herrscher – zu einem der Auslöser des Dreißigjährigen Krieges. Erst nach dem Frieden von Münster und Osnabrück lernten die Menschen – Generation für Generation – das Zusammenleben unterschiedlichen Glaubens und verschiedener Meinungen innerhalb eines Gemeinwesens in den Städten und Dörfern. Die Toleranz war nicht das Erbe der Reformation, sie war das Erbe der Aufklärung.

1717 stand religiös im Zeichen des Pietismus, und Preußen erkannte im Protestantismus die dynamischen Elemente und nutzte kulturelle Leistungen, welche von ihm ausgingen. Über viele Generationen entstammten fast alle großen Gelehrten aus protestantischen Elternhäusern, einzig Mozart bildete die Ausnahme. Friedrich I. krönte sich selber in der evangelischen Schlosskirche von Königsberg zum König der Preußen und ließ sich von zwei evangelischen Bischöfen salben. Die Toleranz wurde in diesen Zeiten konkret. In Städten waren ab jetzt – oft noch außerhalb der Stadtmauern – Kirchen der Minderheitskonfessionen zu sehen, auch reformierte Kirchen der Flüchtlinge aus Frankreich oder dem Salzburgischen. Auch Synagogen entstanden in diesem liberalen Klima. Städte, die über 150 Jahre »offiziell« nur eine Konfession gekannt hatten und von ihnen geprägt worden waren, verfügten nun im öffentlichen Raum deutlich sichtbar über andere Konfessionen oder Religionen.

1817, wenige Jahre nach den Europa bestimmenden Napoleonkriegen, wurde Luther zur Identifikationsfigur nationaler Bewegungen, hin zu einem geeinten Deutschland. Der Mann, der anderen Mächten die Stirn geboten hatte, der Schöpfer einer alle Deutschen einenden Sprache wurde zur Projektionsfläche der nationalen Sehnsüchte. Im Oktober 1817 zogen Studenten, Mitglieder von Burschenschaften, auf die Wartburg, um sie zu einem nationalen Symbol zu machen und Luther als die einende Figur, als

Freiheitshelden zu beschwören – gegen Kleinstaaterei für einen Nationalstaat. Bücher und symbolträchtige Gegenstände wurden verbrannt in Anlehnung an die Verbrennung der Bannandrohungsbulle 300 Jahre zuvor. Das Luthertum bekam im 19. Jahrhundert – besonders in Preußen – seine prägende Kraft. Aber der preußische Staat griff mit Macht in die kirchliche Organisation ein. Bereits 1817 wurden in einer »Aktion von oben« die protestantischen Kirchen – ob reformiert oder lutherisch – zur unierten Kirche zusammengefasst. Auf die Kanzeln wurden Stundengläser montiert, die anzeigten, dass der Pastor nur eine bestimmte Zeit zu predigen habe: »Der Pfarrer darf über alles predigen, nur nicht über 10 Minuten.« Protestantische Pfarrer hatten nun einheitlich den schwarzen Talar zu tragen. Nur am Bäffchen konnte man konfessionelle Unterschiede erkennen – bis heute. In keinem anderen Jahrhundert wurden so viele Lutherdenkmähler – meist in Bronze gegossen – feierlich eingeweiht, viele zum 400. Geburtstag. Luther steht in der Pose des entschlossenen Reformators mit Professorentalar, festem Blick nach vorn und oben, die Bibel in der einen Hand, die andere geballt als Faust auf dem Buchdeckel.

1917 sollte das große Luther- und Reformationsjubiläum gefeiert werden. Schon Jahre vorher wurde dafür geplant, aber der Erste Weltkrieg machte viele Planungen zunichte. Die Feiern fielen um ein Vielfaches kleiner aus als geplant. Luther wurde als Person einer »heiligen Troika« gesehen und so auch dargestellt: Luther, Schiller, Bismarck. In der engen Verbindung von Thron und Altar nahm man Luther als staatliche »Institution« wahr und er wurde vielfach gerade von den Konservativen für weltliche Dinge vereinnahmt. Dieses sollte nach dem Ersten Weltkrieg Nachwirkungen haben, bis zum Aufstieg Hitlers. 1912 erschien dann die »Jubiläumsbibel«. Hatten vorher die regionalen Bibelgesellschaften den Text der Lutherbibel in Eigenregie bearbeitet, so war dies die erste Überarbeitung in einer einheitlichen deutschen Schreibweise nach dem Duden.

2017 – und Luther heute?

Wie wird Luther heute wahrgenommen? Wird in der unübersichtlichen Diskussion über andere Religionen – oder besser über Menschen, die man mit diesen Religionen in Zusammenhang bringt (besonders Muslime), nach ihm gefragt? Kirche wird nicht mehr als gesellschaftlich tragende und in weiten Teilen der Gesellschaft verankerte Kraft wahrgenommen. Skandale bestimmen die Wahrnehmung, Diskussionen über

Denkmalgruppe Luther, Schiller und Bismarck (um 1908) im früheren Donndorf-Museum in Weimar.

die innere Organisation im Zeichen schwindender Mitgliederzahlen und ausbleibender Steuerzahlungen. Theologische Streitgespräche finden heute vielfach nicht mehr statt, auch nicht bei den »Profis«. Ganz anders zu Zeiten Luthers: Da konnten in Stadtratsversammlungen oder auf Reichstagen Debatten auf hohem theologischen Niveau stattfinden. Die Zeit der Reformation war eine Epoche der Christianisierung der Christenheit – eine besondere Zeit, die so nicht mehr wiederkommen wird.

Heute bestimmen die anderen Religionen die Diskussionen. So wird gefragt, ob dieses oder jenes mit dem Koran vereinbar sei oder ob zu bestimmten Themen darin etwas geschrieben stehe. In Schulen lernen Kinder voneinander, sie erfahren von den verschiedenen in den Familien begangenen religiösen Festen. Gerade christliche Kinder nehmen nun wahr, wie viel die Religion und die Riten und Feste den Mitschülern anderer Religionen bedeuten. Auch die Bedeutung und Behandlung der heiligen Bücher kann eine Herausforderung an Christen sein. Wie sehr werden Tora oder Koran geehrt, dass sie nicht einfach in die Schule mitgenommen werden können. In religiösen Schulen lernen Kinder ihre heiligen Schriften in der Ursprache, Arabisch oder Hebräisch, zu lesen. Wie gut kennen Christen hingegen »ihre« Bibel?

Dabei können wir vieles von Luther lernen. So hatte er vor 500 Jahren erkannt, wie wichtig Schulbildung, besonders die Kenntnis von mehreren Sprachen, ist. Heute sind es nicht mehr Latein, Griechisch und Hebräisch, sondern Englisch und weitere lebende Sprachen. Ein Studium im Ausland ist nichts Besonderes mehr. Vor 70 Jahren waren Berufsausbildungen für junge Mädchen nach der »Volksschule« keine Selbstverständlichkeit. Luthers Mahnungen zum Lernen haben weiter ihre Berechtigung. Wenn es um klare und deutliche Sprache geht, können wir viel von Luther lernen. Diese hat ihn in vielen Bereichen auszeichnet, als Übersetzer, als Prediger, als Verfasser von Sendschreiben und Programmschriften, als Verfasser von Abhandlungen und auch abends bei Tisch war er ein Freund der deutlichen Worte. Bei manchen Worten von Politikern oder Beamten wäre eine »Übersetzung in Lutherdeutsch« hilfreich, um sich zu vergegenwärtigen, was überhaupt gemeint ist – auch um Verschleierungen aufzudecken!

Luther hat besonders den Menschen im Blick gehabt, den Menschen vor Gott, der ein unmittelbares und enges Verhältnis zu seinem Gott hat. Als Ausleger und Übersetzer hat er um jedes Wort gerungen, hatte nicht nur im Blick, das Wort »richtig« zu übersetzen; vielmehr wurden Worte gefunden, die noch heute unsere Seele erreichen und in unserem Innern Bilder und Stimmungen entstehen lassen. Die Lektüre der Psalmen in der Lutherbibel kann kirchen- oder glaubensfernen Menschen einen ersten und einfachen Zugang zum »Glauben« eröffnen. Der Psalmleser und somit Psalmbeter spürt Trauer und Klage, aber auch Freude und Lob – offen und direkt, aber auch in intimer Weise breitet er seine Gefühle, seine Wünsche und Hoffnungen, vor Gott aus.

Für die Interessierten an Luthers Schriften wäre eine zeitgemäße Ausgabe sinnvoll, mit gutem Apparat und Querverweisen ausgestattet. Luther war *DER Mann der Medien* im Zeitalter des gerade erfundenen Buchdrucks. Wie kein anderer verstand er es, das brandneue Medium Buch für seine Sache zu nutzen. Heute ist das Internet *DAS Medium*. Eine Lutherausgabe im Internet würde uns heute gut zu Gesicht stehen – Luther jedenfalls hätte es bestimmt intensiv genutzt!

Statt eines Nachwortes: Abschied von Luther – oder: das erste Kennenlernen

Winter 1983/84. Es ist noch dunkel und wir stehen frühmorgens mit einem alten Golf an dem Grenzübergang Herleshausen/Wartha. Als Studenten der Theologie und Religionspädagogik wollen wir die »richtigen Lutherstätten« besuchen. Dieses ist für uns als Bürger der Bundesrepublik Deutschland gar nicht so einfach. So verbinden wir es mit einem Besuch bei der Partnergemeinde im Erzgebirge, einzig der Umtausch von 25 D-Mark pro Tag und Person ist ein schmerzhafter Einschnitt im knappen studentischen Budget. Und nun warten wir in der Schlange auf die Abfertigung. Es geht aber nicht weiter. Was hat das zu bedeuten? Ein Grenzer geht schon zum wiederholten Male um unser Auto, geht ins Häuschen, kommt mit einem dicklichen Offizier wieder heraus. Auch dieser lugt um unser Auto herum, warum nur? Dann klopft er an unsere Scheibe und fragt, wem der Wagen gehöre. »Na, uns natürlich!«, antworten wir etwas verschüchtert. Hinten sei ein Aufkleber »Schwerter zu Pflugscharen« angebracht – das Symbol der damaligen Friedensbewegung in der DDR. Worte aus der Bibel nach den Propheten Micha und Jesaja, diese Verse sollten dem DDR-Staat suspekt und gefährlich sein. Der Aufkleber am Auto sei zu entfernen, erst danach könnten wir einreisen.

Im ersten Morgengrauen von Dunst eingehüllt und gegen die aufgehende Sonne sehen wir schließlich die Wartburg vor uns. Wir bekommen in aller Frühe fast eine Exklusivführung von einer recht gut informierten Führerin durch die ordentlich renovierten Räume der Wartburg. Auch die DDR hat sich bei Luther nicht lumpen lassen, hofft auf Westtouristen mit Devisen. Wir stehen in der »Lutherstube«, ein knorriger Holztisch, ein alter Ofen mit grünen Kacheln, an der Wand die Hochzeitsbilder von Martin und Katharina – zeitlich eigentlich nicht passend zugeordnet, darüber der Holzschnitt von »Junker Jörg«, etwas traurig dreinblickend. In diesen Wänden hat er über dem griechischen Text gebrütet und sich Vers für Vers durch die Frohe Botschaft gemüht. Ja, die neue ungewohnte Sprache machte ihm noch sichtlich Schwierigkeiten. Und er war allein, niemand Kundigen konnte er befragen.

Das war die erste Begegnung am historischen Ort, einem Ort, an dem Luther Spuren hinterlassen hat.

Wenige Tage später dann der Rückweg, nun über Eisleben und natürlich Wittenberg. Bei den Straßenbedingungen der DDR kein einfacher und kein kurzer Weg! Eisleben konnten wir noch bei schönster Wintersonne erleben, Luthers Sterbehaus besuchen, aber vor Wittenberg fing es schon an zu dämmern. Lutherhaus und Schlosskirche waren dann auch schon geschlossen. Auch die Stadtkirche lag in Dunkelheit und war nicht mehr geöffnet. An der Nordseite jedoch, da schloss der Küster gerade die Tür zu. Wir schilderten ihm unsere Lage und unseren Wunsch. Und mit viel Ruhe und Freundlichkeit schloss er die Kirche wieder auf – nur für uns. Er machte das Licht an. Da war er: Der Kirchenraum, in dem Luther oft gepredigt hat, der Altar von Cranach, darunter die bekannte Predella, gemalt ein Jahr nach Luthers Tod und trotz der einziehenden kaiserlichen Truppen. Da sieht man ihn, etwas einsam an der rechten Seite in der steinernen Kanzel stehend; ganz ruhig und gelassen hat er die linke Hand in der geöffneten Bibel und zeigt mit der Rechten auf den Gekreuzigten, auf den am Kreuz sterbenden Gesalbten. Der Mund ist geschlossen, die Geste zählt, der Fingerzeig genügt. Demut ist auch am Ende Luthers der Habitus, die richtige Haltung – in Zeiten der Auseinandersetzung mit anderen Konfessionen und Religionen. Das Vertrauen auf Gottes Wort trägt. Da können die Zuhörer auf der Linken nur schauen, zuhören und lauschen – und glauben.

Rechts: Luther auf der Kanzel, Ausschnitt der Predella des Altars der Wittenberger Stadtkirche (komplette Darstellung siehe S. 39), gemalt von Lucas Cranach d. Ä. (1547).

Zeittafel

Jahr	Leben Martin Luthers	Ereignisse in der Welt/ in Deutschland
1415		Während des Konstanzer Konzils stirbt Jan Hus auf dem Scheiterhaufen
1483	10. November: Geburt in Eisleben	
1484–97	Mansfeld, hier erste Schuljahre	1492: Christoph Kolumbus entdeckt Amerika
1497+98	Magdeburg, Lateinschüler, Leben bei den »Nullbrüdern«	
1498–1501	Schulbesuch in Eisenach	1500: Geburt Kaiser Karl
1501–05	Studium an der Artes-Fakultät in Erfurt	
1505	Beginn des Jurastudiums 2. Juli: Gewitter und Gelübde 17. Juli: Eintritt in das Augustiner-Eremiten-Kloster in Erfurt	
1507	3. April: Priesterweihe 2. Mai: Primiz (erste eigene Messe)	
1508	Lehrauftrag für Philosophie im Vorstudium an der Universität Wittenberg	
1509	März: Erster Studienabschluss (Baccalaureus) an der theologischen Fakultät Wittenberg Herbst: Rückkehr nach Erfurt	
1510–11	Reise nach Rom	
1511	Rückkehr nach Erfurt Spätsommer: endgültige Versetzung nach Wittenberg	
1512	Oktober: Doktor der Theologie und Übernahme der biblischen Professur	

Jahr	Leben Martin Luthers	Ereignisse in der Welt/ in Deutschland
1513–15	Erste Vorlesung über die Psalmen Ab 1514: Prediger an der Stadtkirche	
1515–16	Vorlesung über den Römerbrief 1515: Distriktsvikar der Augustiner für Thüringen und Meißen	1516: Erasmus von Rotterdam gibt das griechische Neue Testament heraus
1517	31. Oktober: Luther schickt seine 95 Thesen an Albrecht von Mainz, daraufhin Anzeige in Rom	22. Januar: Tetzel wird Generalsubkommissar für den Ablasshandel
1518	April: Disputation in Heidelberg auf Ordenstagung Oktober: Verhör beim Reichstag von Augsburg durch Kardinal Cajetan Dezember: Friedrich der Weise lehnt eine Auslieferung Luthers ab	August: Melanchthon tritt Professorenstelle in Wittenberg an
1519	Zweite Psalmenvorlesung (bis 1521) Juni/Juli: Disputation in Leipzig mit Eck Herbst: Verurteilung der Thesen durch die Universitäten Köln und Löwen	Januar: Tod Kaiser Maximilians I. 28. Juni: Wahl Karls V. zum deutschen Kaiser Zwingli wird Pfarrer in Zürich und hält Predigten über die Evangelien; 1591–21 Cortes erobert das Reich der Azteken in Mexiko, erste Weltumseglung von Magalhães
1520	15. Juni: Androhung des kirchlichen Bannes Hauptschriften: August: »An den christlichen Adel deutscher Nation« Oktober: »Die babylonische Gefangenschaft der Kirche« November: »Von der Freiheit eines Christenmenschen« 10. Dezember: Verbrennung der Bannandrohungsbulle in Wittenberg	Johannes Staupitz legt seine Ämter beim Augustinerorden nieder 23. Oktober: Krönung Karls V.

Jahr	Leben Martin Luthers	Ereignisse in der Welt/ in Deutschland
1521	3. Januar: Papst Leo X. spricht den Bann aus 6. März: Ladung vor den Reichstag in Worms 17./18. April: Anhörung vor dem Reichstag 4. Mai bis März 1522: Aufenthalt auf der Wartburg, Übersetzung des Neuen Testaments in elf Wochen Mai: Über Luther wird die Reichsacht verhängt	Januar: Eröffnung des Reichstages in Worms Weihnachten: Karlstadt feiert in Wittenberg Abendmahl in beiderlei Gestalt
1522	Frühjahr: Unruhen in Wittenberg (Bildersturm, Zwickauer Propheten) März: Rückkehr nach Wittenberg, Predigten zur Mäßigung September: Das Neue Testament Deutsch erscheint im Druck, Erstauflage 3 000 Stück	Januar: Die Stadt Wittenberg erlässt erste neue Gottesdienstordnung Zürich: Öffentliches »Wurstessen« in Passionszeit, Beginn der Reformation mit drei Disputationen, bis 1524; Karlstadt wird seiner Ämter enthoben
1523	Ostern: Katharina von Bora flieht mit anderen Nonnen aus dem Kloster und kommt nach Wittenberg	Juli: Zwei Märtyrer werden in Brüssel verbrannt Herbst: Bugenhagen wird Pfarrer an der Stadtkirche Wittenberg
1524	August: Visitationen in Jena und Orlamünde in Karlstadts Gemeinde Oktober: Luther legt endgültig die Mönchskutte ab	Sommer: Beginn von Bauernaufständen in Süddeutschland
1525	Schriften zum Bauernkrieg Juni: Heirat mit Katharina von Bora Dezember: Literarische Auseinandersetzung mit Erasmus (unfreier Wille) und Zwingli (Abendmahl, bis 1529)	Die Reformen in Zürich werden abgeschlossen Frühjahr: Zwölf Artikel der Bauern, Bauernaufstände in Süddeutschland und Thüringen Mai: Tod Friedrichs des Weisen; Müntzer wird bei Mühlhausen hingerichtet

Jahr	Leben Martin Luthers	Ereignisse in der Welt/ in Deutschland
1526	Juni: Geburt des ersten Sohnes Johannes Anzeichen erster Krankheiten	Erster Reichstag in Speyer: Entscheidung über Reformation wird offengehalten bis 1530: Visitationen in Sachsen
1527		Kriegerische Auseinandersetzung kaiserlicher und päpstlicher Heere in Rom
1528	Tod der Tochter Elisabeth (geb. 1527)	
1529	Großer und kleiner Katechismus September/Oktober: Religionsgespräch in Marburg zur Frage des Abendmahls	Zweiter Reichstag in Speyer: Protestation der Evangelischen Herbst: Belagerung Wiens durch Türken
1530	April bis Oktober: auf der Feste Coburg Tod seines Vaters	Reichstag in Augsburg, *Confessio Augustana*, Zwingli und vier Städte verfassen eigene Bekenntnisse; Karl V. lehnt Bekenntnisse der Evangelischen ab
1531	Tod der Mutter	Februar: Gründung des Schmalkaldischen Bundes Oktober: Tod Zwinglis im zweiten Kappeler Krieg
1534	Herausgabe der Vollbibel auf Deutsch	Bucer und Melanchthon verhandeln über gemeinsames Bekenntnis
1535	Beginn der Vorlesung zur Genesis, bis 1545 November: Treffen mit dem päpstlichen Abgesandten Vergerius	Juni: Ende des Täuferreiches in Münster
1536		Mai: Wittenberger Concordie
1537	Schmalkaldische Artikel	
1539	Dezember: Beichtrat zur Doppelehe von Landgraf Philipp I.	
1540		März: Doppelehe des Landgrafen Philipp I. von Hessen

Jahr	Leben Martin Luthers	Ereignisse in der Welt/ in Deutschland
1541		Reformation in Genf durch Johannes Calvin
1543		Nikolaus Kopernikus veröffentlicht kurz vor seinem Tod sein Buch *Von den Bahnen der Himmelskörper*
1545	Letzte Ausgabe der Vollbibel durch Luther	
1546	18. Februar: Tod in Eisleben	bis 1547: Schmalkaldischer Krieg, Niederlage der Protestanten bei Mühlberg
1547	Wittenberg wird von kaiserlichen Truppen eingenommen	
1552	Tod Katharina Luther in Torgau	
1555	Religionsfrieden von Augsburg	

Literaturverzeichnis

Eine Vielzahl von Ausgaben, Gesamtdarstellungen oder Biographien über Luther sind im Umfeld seines 500. Geburtstages 1983 erschienen. Dies wird sich erst mit dem Jahr 2017 ändern, in dem einige Neuerscheinungen zu erwarten sind. Aus diesem Grund müssen wir uns zum heutigen Stand der Dinge mit zum Teil älteren Darstellungen begnügen.

Schriften Luthers und Quellen

- *Luther Deutsch – Werke Martin Luthers in neuer Auswahl für die Gegenwart,* hg. von Kurt Aland, Berlin 1957ff, 10 Bände u. 1 Registerband u. 1 Ergänzungsband
- *Martin Luther, Ausgewählte Schriften,* hg. von Karin Bornkamm und Gerhard Ebeling, Frankfurt 1982, 6 Bände
  [Kleine und kompakte Ausgabe seiner Werke in deutscher Übersetzung]
- *Luthers Vorreden zur Bibel,* hg. von Heinrich Bornkamm, Frankfurt 1983
- *Luther im Gespräch – Aufzeichnungen seiner Freunde und Tischgenossen,* hg. von Reinhard Buchwald, Frankfurt 1983
- *Kirchen- und Theologiegeschichte in Quellen,* Bd. III: Die Kirche im Zeitalter der Reformation, hg. von Heiko A. Oberman, Neukirchen-Vlyn 1981

Monographien

- Beutel, Albrecht (Hg.): *Luther Handbuch,* Tübingen ²2010
- Bienert, Walther: *Martin Luther und die Juden. Ein Quellenbuch mit zeitgenössischen Illustrationen, mit Einführungen und Erläuterungen,* Frankfurt am Main 1982
- Läpple, Alfred: *Martin Luther – Leben, Bilder, Dokumente,* München 1982
  [katholische Darstellung, jedoch mit guter Auswahl von Dokumenten]
- Leppin, Volker: *Martin Luther,* in der Reihe: Gestalten des Mittelalters und der Renaissance, Darmstadt 2006
- Moeller, Bernd: *Deutschland im Zeitalter der Reformation,* Göttingen 1977
  [kurze, aber sehr informative Darstellung der Geschichte]
- Oberman, Heiko A.: *Luther – Mensch zwischen Gott und Teufel,* München 1986
- Referat für Christlich-Jüdischen Dialog der Nordkirche/Arbeitsstelle Reformationsjubiläum 2017 der Nordkirche (Hg.): *»Ertragen können wir sie nicht« – Martin Luther und die Juden,* Ausstellungskatalog, Hamburg 2014
- Schilling, Heinz: *Martin Luther – Rebell in einer Zeit des Umbruchs,* München ³2014

EBENFALLS IM PROGRAMM DES REGIONALIA VERLAGS ERHÄLTLICH

978-3-939722-36-6 ↑
128 Seiten, € 4,95

978-3-939722-46-5
128 Seiten, € 4,95 ↓

978-3-939722-59-5 ↑
Bildband, 96 Seiten, € 9,95

978-3-939722-70-0
128 Seiten, € 4,95 ↓